四川省重点出版规划项目

再创辉煌：中国晚期石窟的代表

安岳石窟

刘长久 著

电子科技大学出版社
University of Electronic Science and Technology of China Press
·成都·

图书在版编目（CIP）数据

安岳石窟 / 刘长久著. -- 成都：电子科技大学出版社，2021.9
（再创辉煌：中国晚期石窟的代表）
ISBN 978－7－5647－8383－9

Ⅰ.①安… Ⅱ.①刘… Ⅲ.①石窟－安岳－图集
Ⅳ.①K879.292

中国版本图书馆CIP数据核字（2020）第204004号

再创辉煌：中国晚期石窟的代表
ZAICHUANG HUIHUANG: ZHONGGUO WANQI SHIKU DE DAIBIAO
安岳石窟
ANYUE SHIKU

刘长久　著
刘　淼　摄

策划编辑　郭蜀燕
责任编辑　郭蜀燕　于　兰
装帧设计　经典记忆
出版发行　电子科技大学出版社
成都市一环路东一段159号电子信息产业大厦九楼　邮编 610051
主　　页　www.uestcp.com.cn
服务电话　028-83203399
邮购电话　028-83201495

印　　刷　成都市金雅迪彩色印刷有限公司
成品尺寸　260mm × 330mm
印　　张　33
字　　数　240千字
版　　次　2021年9月第一版
印　　次　2021年9月第一次印刷
书　　号　ISBN　978－7－5647－8383－9
定　　价　780.00元

目录 CONTENTS

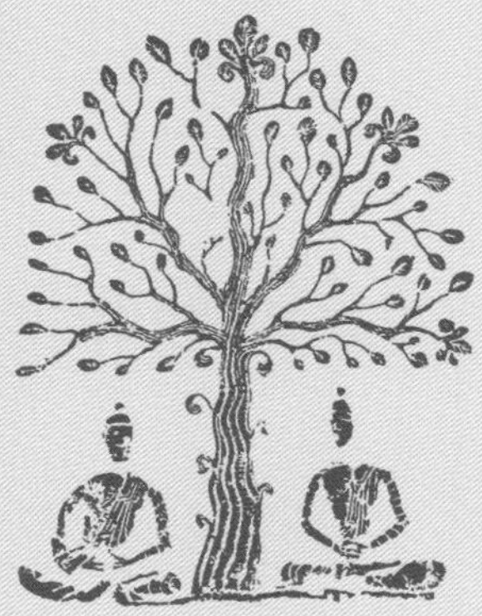

176

千佛寨摩崖造像

200

圆觉洞摩崖造像

232

茗山寺摩崖造像

242

孔雀洞摩崖造像

绪论

佛教石窟造像从印度到中国

石窟寺（Grotto temples），简称石窟，起源于印度，初为僧人的居所和集会处，后发展为两种窟形：一是“毗诃罗”（Vihara，意为僧房，供禅行用），二是“支提”（Chaitya，意为塔庙，供僧人和信众礼拜用）。除佛教外，耆那教和印度教均开凿有石窟寺。两汉之际，佛教传入中国，佛教艺术随之而影响中土。约3世纪，中国兴起开凿石窟寺之风，早期除沿袭古印度的毗诃罗窟和支提窟外，后逐渐发展为塔庙窟（有中心柱的）、佛殿堂（无中心柱的）、僧房窟、大像窟、佛塔窟、禅窟以及摩崖造像等形制。

自汉魏至明清，中国凿窟造像之风绵延不断。佛教开先河，道教受之影响。其题材内容之丰富，雕塑技法之多样，地域分布之广泛，造像数量之众多，已大大超越发祥地之印度。

1 2

1.印度阿旃陀石窟支提窟

2.印度阿旃陀石窟毗诃罗窟

一、印度无佛像时代

印度佛教石窟艺术不仅对中国佛教石窟艺术的形成和发展产生了巨大的影响，而且对亚洲信仰佛教的诸国也有重大影响。从公元前6世纪佛教开创直至1世纪是原始佛教和部派佛教时期。

佛陀在世时，反对偶像崇拜，并经常告诫众弟子：要坚持正法，维护正法，努力修行，勇猛精进，觉悟成道；不然的话，即使天天见到佛陀，也难成就正果。因此，在佛陀住世和去世后的500年间没有佛像出现。

原始佛教和部派佛教虽然对教义和戒律存在不同意见，但对佛陀的崇敬却是一致的。他们希冀礼拜佛陀偶像，囿于佛陀“无常”（一切事物都不是固定不变的）和“无我”（个体的存在是暂时的）说，加之在他们心目中至高无上的佛陀岂能用凡人的形象来塑造，如原始佛教经典《增一阿含经》卷二十一“苦乐品第二十九”所说，“如来（即佛陀）身者，不可造作”“不可摸则，不可言长言短”。因此，只能用物来象征佛陀的存在。如用菩提树象征佛陀成道，用法轮象征佛陀说法，用足迹象征佛陀传教，用塔象征佛陀涅槃，等等。这种不出现佛陀形象，以物暗喻的无佛像崇拜，史称“无佛像时代”。

自19世纪以来，以亚历山大·康宁汉（Alexander Cunningham，1814—1893）为代表的英国考古学家先后发掘出不少无佛像时代的遗迹，如巴尔胡特大塔栏楯、菩提伽耶石刻栏楯、桑奇大塔、阿玛拉瓦提大塔等。这些多为公元前2世纪或公元前1世纪营造的，其上雕刻的题材内容主要是佛本生故事（佛陀前世为菩萨的500余个故事）、佛传故事（佛陀生平故事）及花草动物等装饰。凡涉及佛陀的雕刻，均无佛陀形象只以物象征。从这些遗留下来的较完整或大多数残件中可以见出雕刻艺术之精湛，足以作为无佛像时代的遗迹代表。

巴尔胡特大塔（Bharhut Stupa）遗址在今印度中央邦萨特纳县城南约15公里的巴尔胡特村，于1873年被亚历山大·康宁汉发现并主持发掘。本来在20.7米直径的塔基上竖有80根高约2.15米的围栏，以及东南西北四座塔门，因保护不力，先后被人劫去作为建筑材料。1875年才将残留的部分围栏和塔门移至加尔各答印度博物馆内复原展出。

1 | 4 5
2
3

1.印度阿旃陀石窟外景
2.印度埃罗拉石窟外景
3.印度桑奇大塔北门正面
4.印度桑奇大塔礼拜菩提树　1世纪
5.佛足　1世纪　现藏加尔各答印度博物馆

从残存门柱上的铭文获知，巴尔胡特大塔建于巽伽王朝（Shunga Dynasty）时期，为公元前150年至公元前100年。首先，其围栏和立柱上的浮雕题材以佛本生故事居多，如鲁鲁本生（即九色鹿本生）、大猕猴本生、鹌鹑本生、独角仙人本生等；其次是佛传故事题材，如从三十三天降凡、托胎灵梦、帝释窟说法、祇园布施等；再就是表现民间信仰的题材，如药叉（男性生殖精灵）、药叉女（女性生殖精灵）、丰收女神、树神、幸福女神等。装饰纹样多以莲花为主。

菩提伽耶（又译作“佛陀伽耶”，Bodh Gaya），在今印度比哈尔邦加雅城南约8公里，是佛陀在一棵菩提树下证道成佛的地方。公元前1世纪，巽伽王朝用红砂石围绕菩提树建了一道方形围栏，在立柱上雕有佛本生故事和佛传故事，跟巴尔胡特围栏和立柱上采用一图多景不同，它是采用一图一景式构图，且生动自然。除此方形围栏外，有的残件浮雕现藏于加尔各答印度博物馆和菩提伽耶博物馆内。

桑奇大塔（Sanchi Stupa），在今印度中央邦首府博帕尔（Bhopal）的比尔萨西南约8公里。1851年，英国考古学家将此编为1、2、3号，这里所说的桑奇大塔即指第1号。初为小砖塔，后经巽伽王朝和安达罗王朝（Andra Dynasty）不断增建，始具今日所见之规模。现存有完整的塔基、覆钵式塔身、平头围栏伞柱、三层伞盖、两重绕塔步道、两重绕塔栏楯、四座塔门（东西南北）。四门各面浮雕有精美纹饰（以莲花为主）、祈祷丰收之神夜叉、佛陀象征物，如三宝（佛、法、僧）标、法轮（象征佛初转法轮）、七塔和圣树（象征过去七佛）、二象灌水莲花女（象征佛诞生）、菩提树（象征佛成道）、塔（象征佛涅槃）、佛传故事（无佛形象，只以物象征佛陀存在）等。四门以南门建造最早，以北门保存最完好。大塔塔门雕刻堪称印度无佛像时代的杰作。

阿玛拉瓦提大塔（Amaravati Stupa），原址在今印度安得拉邦贡土尔（Guntur）县城约29公里的克里希纳河下游南岸。始建于公元前2世纪，后经2世纪安达罗时代增修扩建，气势雄伟。18世纪时因人拆毁塔石烧制石灰，致使大塔倒塌。19世纪至20世纪初，考古学家在原址发掘出土了500余件白绿色石灰石浮雕，现藏于印度马德拉斯政府博物馆和英国伦敦不列颠博物馆。从浮雕《妇女礼佛》中可以见出典型的阿玛拉瓦提无佛像时代的艺术风格即人物造型曲线柔美，动态生动活泼，显示出南印度阿玛拉瓦提佛教艺术本土化的审美追求。

二、印度佛像时代的犍陀罗与马图拉石雕艺术

1世纪，崛起的大乘佛教主张“多佛”“菩萨行”及“人人都能成佛”等思想，鼓吹“造像功德”说，为进入“佛像时代”鸣锣开道。印度佛教石雕艺术出现了许多流派，如犍陀罗、马图拉（旧译“秣菟罗”）、阿玛拉瓦提、萨尔纳特等派，影响最大的莫过于犍陀罗和马图拉两大流派。

犍陀罗（Gandhara），是古代印度十六国之一。辖境相当于今天的巴基斯坦西北地区与阿富汗东部，首都建在今巴基斯坦的白沙瓦。犍陀罗佛教石雕艺术受希腊雕刻艺术影响，主要盛行于贵霜王朝（Kushan Dynasty，1—3世纪）时期。

自19世纪以来，人们相继在布色用逻伐底古城周围的伽蓝废址，白沙瓦近郊的迦腻色迦窣堵坡遗址、旁遮普的坦叉始罗、喀布尔河流的一些废址等，发掘出了许多犍陀罗佛教石雕艺术珍品。这些珍品现分别藏于印度、巴基斯坦、英国、法国、德国、美国、日本等国的一些博物馆中。犍陀罗佛教石雕中的佛像以希腊神话中的太阳神阿波罗形象为参照，其艺术表现在颜面特征的造型美学原则和写实的技巧两个大的方面。从犍陀罗佛像的颜面特征和发式看，脸形为椭圆形，细密的波纹发式，半月形的细长眉毛，眉间有白毫，深深的眼窝，大眼而上眼皮微垂形成弓形，前额平直，高鼻梁，薄嘴唇，短人中，丰满的下颚。可以说，除了眉间白毫外，其他的特征都是模仿希腊雕刻的面部造型表现手法。犍陀罗佛像雕刻中最常见的是佛陀右手施无畏印，左手施与愿印，身着通肩式袈裟，衣纹厚重，呈“U”字形，头后附有平板圆轮形头光，这种简朴的头光表现形式是犍陀罗佛像的典型特征。

宗教圣地马图拉（Mathura）在贵霜王朝时期也是一个商业名城，处于东西方文化交汇的要冲，地位仅次于犍陀罗。它虽然地处中印度，但靠近犍陀罗，其佛教造像的风气，应当说是在犍陀罗制作佛像思想的影响下形成的。

1 2 3 | 4 | 5 6

1.尸毗王本生故事　2世纪　印度阿玛拉瓦提

2.苦修中的佛陀　犍陀罗　2世纪　现藏加尔各答印度博物馆

3.佛陀与信徒　犍陀罗　2世纪　现藏加尔各答印度博物馆

4.佛立像　马图拉　笈多时代　5世纪　现藏印度马图拉政府博物馆

5.马图拉佛立像　2世纪　现藏印度马图拉政府博物馆

6.佛立像　笈多时代　5世纪　现藏印度马图拉政府博物馆

初期的马图拉佛像体魄强壮，雄姿威武，双脚齐肩宽叉开站立；左手屈压腰间，身着右袒式袈裟，腰间系带，左手挽住袈裟下摆；面型丰圆，弓眉，目睁，唇厚，嘴角微微上翘，头顶既无肉髻也无波纹形发式，光头，只是浅浅地刻有一道发际线，颈部有两道折痕；袈裟紧贴肉体，质地很薄；衣纹细密，多呈平行状，下身衣纹似为弧形阴刻线构成，与犍陀罗派的佛像风格迥异。因为其佛像雕刻的样本不是以希腊阿波罗神像为参照，而是以马图拉传统的祈丰收之神男夜叉强壮有力的形象来塑造的。

2世纪以后，佛像多为身着右袒式袈裟，轻薄如蝉翼，透体似湿衣贴身，衣纹呈平行状（到笈多时代佛像更是薄纱透体，几乎无衣纹）；颜面呈方圆形，眉细长，眉梢略上挑，睁目大眼，鼻直唇厚，下颚短而丰圆，两耳肥大。光头，顶以右旋高螺髻代“顶上肉髻”，颈有两道（或三道）折痕；佛陀头后的圆形头光由素面变成浮雕，有莲瓣纹、忍冬纹、连珠纹、火焰纹等繁丽头光。

到了笈多王朝时代，马图拉佛教石雕艺术愈趋成熟，全然印度化。从此，笈多时代的佛教石雕艺术以崭新的面貌，进入了古代印度艺术发展的黄金时代。这时的马图拉已经成为全印度佛教艺术的中心，似乎也成了佛像制作的基地，佛像制作好后，纷纷运往各地。

笈多时代的马图拉佛教雕刻（亦称“笈多式”雕刻），以5世纪的作品为其鼎盛期的代表。这些作品主要出土于马图拉地区和萨尔纳特地区，现藏于马图拉、鹿野苑、新德里等地的博物馆中。使用的材料以黄斑红砂石为主，兼有浅灰色砂石。其代表作有佛陀头像（马图拉地区族达出土，现藏马图拉政府博物馆）、佛陀立像（马图拉地区贾马尔普尔出土，现藏马图拉政府博物馆）、佛陀立像（现藏马图拉政府博物馆）、佛陀立像（现藏鹿野苑博物馆）、佛陀立像（现藏鹿野苑博物馆）、佛陀初转法轮像（现藏鹿野苑博物馆）等。

此外，在不属于贵霜王朝统辖的南印度的安达罗时代出现了阿玛拉瓦提佛教石雕艺术，与马图拉佛教石雕艺术一样都是本土风格，可惜保存下来的佛像极少。不过，阿玛拉瓦提佛教石雕艺术对斯里兰卡佛教石雕艺术影响颇大。

犍陀罗和马图拉两派的雕刻艺术，不仅在印度佛教石雕艺术史上占有极其重要的地位，而且对中国佛教石雕艺术的形成和发展，以及日本和东南亚各国的佛教石雕艺术，都影响很大。

1	3
2	4

1.马图拉佛头像　笈多时代　5世纪　现藏印度马图拉政府博物馆

2.弥勒菩萨像　5世纪　印度萨尔纳特

3.文殊菩萨像　7—8世纪　印度乌达耶吉里

4.观世音菩萨像　9—10世纪　印度那烂陀

三、中国佛教石雕艺术

两汉之际，佛教传入中土。初始传播的范围仅限于上层社会，并且士人阶层将佛教混同于黄老道术和神仙方术。因此，才会出现“诵黄老之微言，尚浮屠之仁祠”（《后汉书》卷四十二“楚王英”）。20世纪在四川、湖北、山东、江苏等地出土的东汉晚期至三国时期墓室门楣浮雕、画像石、摇钱树座铜钱树干、铜带扣、铜镜、陶制魂罐等上的佛像，均为墓室或明器上的装饰，其功用是祈祷冥福，而非以像教化。由此说明，在东汉至三国时期尚未形成独立的且具有严格意义的佛教造像形制。

中国佛教石雕造像艺术的正式展开，应当说是在魏晋南北朝时期。东晋时期既是佛画高手又是佛教雕塑大家的戴逵，为佛教造像中国化开了先河。戴逵不拘泥于印度佛像规制而趋于民族化，加之与其子戴颙的共同努力，确立了“二戴像制”，为佛教造像的日益中国化奠定了基石。

南北朝的170年间，形成了中国历史上南北对峙的局面。就佛教造像而言，由于当时佛教形成了“北禅南义”的格局，即北方重视禅观修行，着力于建寺造像、修功德、讲业报；南方特重佛教经义的解疏，因此，北朝石窟造像及各种单体造像都远胜于南朝。尽管如此，但南朝宋、齐间的“秀骨清像”风格，却给北朝佛教造像以重要影响，并成为南北朝佛教石雕造像的主要审美特征。同时，北齐曹仲达所创作的佛像被称为“曹家样”，对北朝佛教石雕造像也有很大影响。“其体稠叠”，而“衣服紧窄”的“曹衣出水”造型特征，在北朝佛教石雕造像中屡见不鲜。就佛教石雕造像而言，分布于甘肃炳灵寺、麦积山，山西云冈、天龙山，河南龙门，河北响堂山等，北朝作品既多且精美，北朝单体佛教造像散落民间和流失海外的多不胜数。

南朝梁释慧皎《高僧传》卷第十一“齐京师建寺释僧祐”载：“祐为性巧思，能目准计，及匠人依标，尺寸无爽。故光宅、摄山大像，剡县石佛等，并请祐经始，准画仪则。”这里所说的南朝齐、梁间僧祐主持建造的光宅寺大像（金铜佛像）、摄山（今江苏南京市栖霞山千佛崖）大像（无量寿佛石龛像）和剡县（今浙江新昌县西南）石佛（弥勒大佛像），前者已不存，后两者见在，是南朝时期的大型石雕造像。南京栖霞山千佛崖石雕造像是中国现存唯一的南朝石窟，开凿于南朝齐永明二年（484），南朝梁时续造。可惜的是该处造像风化和人为破坏严重，大部分已失原貌。在现存的294个龛窟中，南朝石雕造像为数较少，绝大多为唐代石雕造像和明代隆庆年以后补刻的造像。现存南朝佛教石雕造像较多且精美者在四川，而且南朝宋、齐、梁、陈时期均有，多系南朝时以成都为中心的寺院中所供奉的单体石雕或造像碑。其中纪年最早的是清末在成都万佛寺废址出土的南朝宋元嘉二年（425）的《净土变》（现藏法国），最晚者为1987年在成都童子街出土的南朝陈光大年间（567—568）的石雕佛像（现藏成都市博物馆）。

1 | 4 | 6
2 | 5 | 7
3

1.四川乐山麻浩崖墓椁堂门楣浮雕佛坐像　东汉
2.山东青州龙兴寺一佛二菩萨背屏式造像　北齐
3.四川成都万佛寺遗址出土背屏式造像　南朝梁中大同三年（实为太清二年，548）
4.河南洛阳龙门莲花洞　北魏
5.河南洛阳龙门奉先寺卢舍那大佛　唐
6.四川广元皇泽寺第28号一佛二弟子二菩萨二力士龛　唐
7.四川广元千佛崖第366号菩提瑞像窟　唐景云元年至太极元年（710—712）

北齐和北周时期，佛教石雕造像的规模虽不如前期，但造型审美特征却有所改变，如佛和菩萨的面相已不再是"秀骨清像""面如恨，刻削为容仪"，而是面短而方，臂胛也不再是削肩，而是宽肥，衣纹也不及前期那样密集，雕刻手法也逐渐由前期的直平阶梯式衣纹变成半圆起突的阶梯式衣纹，甚至出现紧身贴体无衣纹的受印度笈多式佛像影响的造像。北齐和北周的佛教造像主要见存于北方中原石窟和散落民间与流失海外的一些单体佛像。

隋代历时虽短，但大肆营建寺塔，修经造像。由于各种历史原因，现存隋代佛教造像不是很多。今天尚可从甘肃麦积山，山西天龙山，山东济南玉函山、青州驼山、云门山，四川广元、巴中等石窟见到一些隋代佛教造像，此外还有散落于民间和流失海外的部分单体佛像。其艺术风格，总体上承继了北齐、北周佛教造像的遗韵，如佛、菩萨面相或方圆，或长圆，佛低平磨光头髻，身躯宽厚，平胸，头、手比例稍大，衣纹疏简等。总之，隋代"雕铸灵像，图写真形"已开始透露出摆脱梵像范式而向中国作风过渡的曙光。

唐代是政治统一、文化融合的开放时代，也是中国佛教造像艺术最辉煌的时代。初唐伊始，沿袭隋制。"贞观之治"和武周崇佛，促进了佛教造像中国化的成熟，形成了以"丰肌为体"的时代审美风尚。"开元之治"使唐代步入了国富民强的太平盛世。儒、释、道文化的多元发展，文学、艺术的空前繁荣，使佛教造像艺术在"人物丰腴，肌胜于骨"的造型审美特征的基础上，建构出雍容典雅、装饰华丽、恢宏壮阔的盛唐气象。

特别是开元年间，佛教造像艺术可谓登峰造极，题材多样而丰富，除重复以往显宗的释迦说法、二佛并坐、佛国净土以及单尊的佛、菩萨等像外，经变造像大量增加，如涅槃变、地狱变、维摩变、药师变、观经变、观音变等。尤其是"开元三大士"（印度僧人善无畏、金刚智、不空）弘传密宗后出现了前所未有的各种密宗造像，如毗卢遮那佛、五方佛、药师佛、地藏、多臂观音（如意轮观音、十一面观音、千手千眼观音等）、孔雀明王、十大明王、八大明王、摩诃迦逻（大黑天神）、毗沙门天王、金刚力士等等。此外，盛唐时期兴造弥勒大佛成风，尤以巴蜀居多，其中以乐山大佛最为著名。

"安史之乱"使李唐王朝由盛而衰。中唐虽然抚平了创痛，但藩镇割据、朋党之争日盛，李唐王朝内忧外患、矛盾重重，企图"中兴"和光复盛世的幻想破灭。尽管如此，由于禅宗倡导的生活化、世俗化以及儒、释、道合流总趋势的形成，"入于儒，出于道，逃于佛"成为文人士大夫追求的人格理想，文化出现了裂变。中唐的佛教造像艺术虽无盛唐那样气势恢宏、装饰繁丽的风范，但仍不失丰富多彩的审美意趣。如《唐国史补》中说："大历之风尚浮，贞元之风尚荡，元和之风尚怪。"由于社会动荡不安，北方、中原佛教石窟造像逐渐凋敝，并向相对稳定的长江流域和南方转移。晚唐藩镇割据、朋党之争愈演愈烈，加之黄巢起事，烽烟四起，李唐王朝摇摇欲坠。同时，武宗废佛，焚寺毁像，使北方、中原的佛教石窟造像更是一蹶不振。

	3
1	
2	4 5

1.四川巴中南龛第83龛双头瑞像　唐
2.四川乐山凌云山弥勒大佛　唐
3.云南剑川石钟山石钟寺区第6号八大明王堂（局部）　南诏时期
4.四川邛崃花置寺第4号一佛二弟子二菩萨二力士　唐
5.四川安岳圆觉洞第65号毗沙门天王龛　五代

1 | 3
2 |

1.重庆大足北山佛湾第136号转轮经藏窟不空羂索观音　南宋
2.四川资中东岩第2号释迦佛拈花微笑龛　南宋
3.四川安岳毗卢洞第5号观音经变　北宋

在这种夕阳西下、日暮途穷的颓势下，独有巴蜀大地出现了夕阳晚照、落日余晖。巴蜀中、晚唐佛教造像艺术的兴盛，与玄、僖二宗避蜀，文人艺匠、高僧大德纷纷入川带来的契机有关。

五代十国是中国大分裂、大动荡的时代，相对而言，巴蜀和南唐还算是“净土”。五代佛教造像主要见于巴蜀的安岳和大足，以及浙江杭州西湖石窟，除晚唐已经出现的题材外，新增的题材多为药师净土变以及十六罗汉、尊胜陀罗尼经幢造像等。其造像艺术风格基本上是晚唐审美风范的余韵，没有出新。

入宋后，在儒、释、道合流的总趋势下，佛教人间化使人们愈加追求“现世福报”。为了适应这种社会思潮，佛教造像的神性化锐减而世俗化倾向浓郁，以典雅、阴柔、内向、细腻、写实作为该时代的主要审美特征。

赵宋王朝平定西川后，把社会较安定和经济较繁荣的四川作为人力、财力、物力供应的大后方，无疑对巴蜀佛教造像艺术走向极盛期创造了有利条件。其中尤以安岳、大足两地的宋代佛教石刻造像最为突出。除大量反映显密内容的造像外，特别是反映蜀地密宗人物柳本尊内容的造像，具有浓郁的地方特色和极高的研究价值。此外，安岳、大足等地出现的佛道合龛、三教会同题材的造像，凿造于南宋时期的大足宝顶山以密宗为主的石窟造像群，在中国宋代石刻造像中特别显著。巴蜀宋代石窟造像自成体系、艺术精绝，堪称中国晚期石窟的代表。

云南中晚唐至宋代的石窟与摩崖造像，反映了南诏和大理国的佛教艺术发展轨迹。就石雕艺术水平而言，虽然不及巴蜀同期的石窟与摩崖造像，甚至不及陕西延安宋代石窟造像，但是云南石窟与摩崖造像中独有的滇密阿吒力教和本主崇拜题材的造像，却显示出其他地方不能替代的民族艺术特色。

元代佛教造像在一段时间处于停滞状态，现存以浙江杭州飞来峰元代造像最多，主要为西方三圣、观音、普贤、四臂观音、摩利支天、救度佛母、多闻天王等，受藏传佛教影响；其次是西湖紫阳山南宝成寺内的元至治二年（1322）左卫亲军都指挥使伯家奴（另作伯嘉努）所造麻曷葛剌（即大黑天神）像、三世佛像等。此外，重庆合川濮岩寺、龙多山也有元泰定三年（1326）、致和元年（1328）的造像，也受藏传佛教影响。这与元以降藏传佛教传入汉地有关。

明清以来，在文学与艺术中出现了复古和仿古倾向，加之美术重心转移到绘画和工艺，除培修、妆彩、贴金佛像活动较盛外，凿龛造像较少，多为模仿唐宋时期的佛、菩萨造像，且大多刻工粗劣。单体造像以释迦佛、阿弥陀佛、滴水观音、送子观音、大肚弥勒等为多。

历史的变迁，时代的更迭，中国佛教石雕艺术不会因时间流逝而褪色，它那不朽的艺术魅力永远闪烁着熠熠光华。

1.浙江杭州飞来峰弥勒佛　元
2.四川泸县玉蟾山九龙浴太子　明
3.贵州习水望仙台第5号左侧佛像　清

注：绪论配图由刘长久摄影

安岳石窟分布

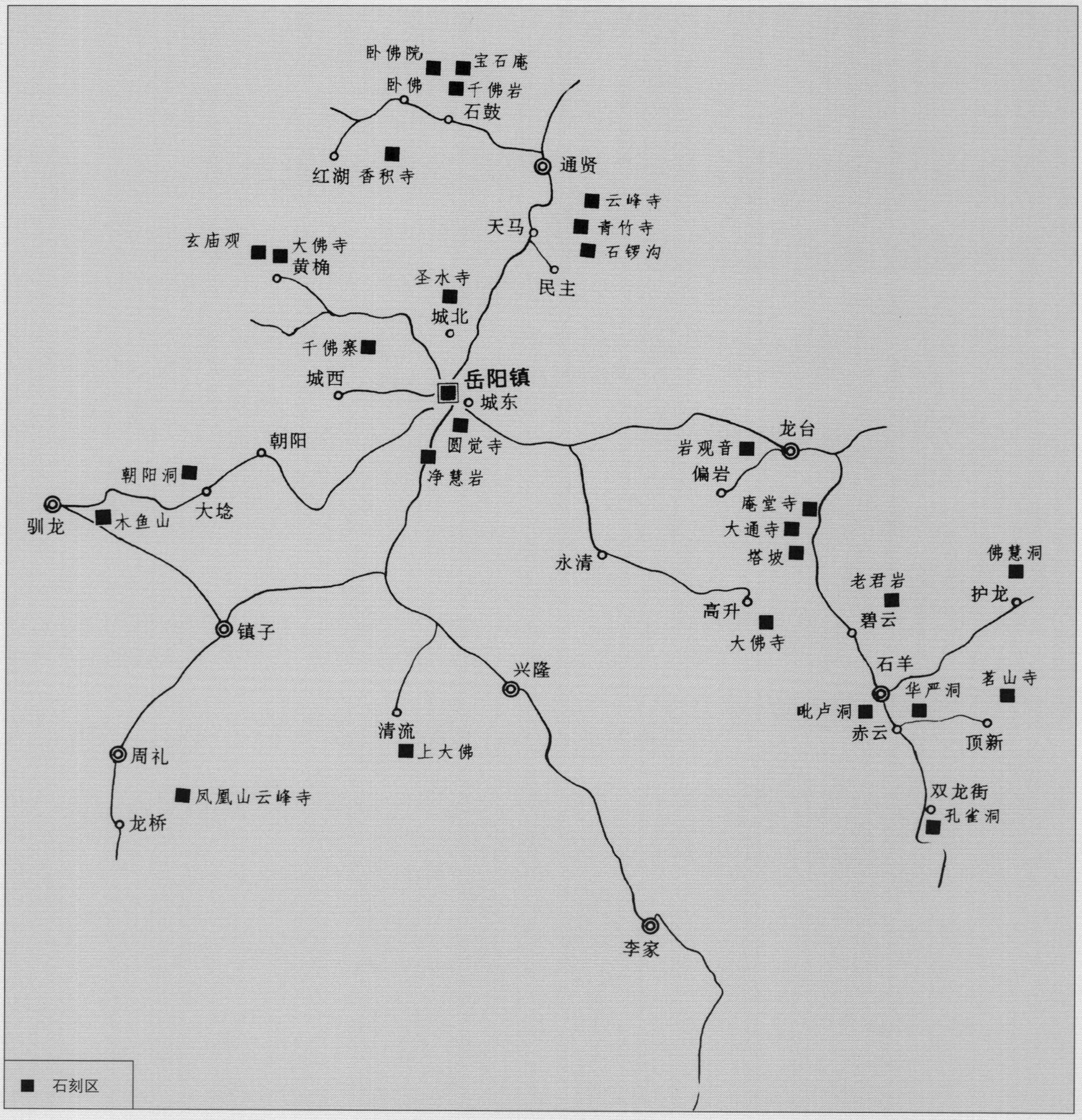

卧佛院
宝石庵
卧佛
千佛岩
石鼓
红湖
香积寺
通贤
云峰寺
天马
青竹寺
石锣沟
玄庙观
大佛寺
黄桷
民主
圣水寺
城北
千佛寨
岳阳镇
城西
城东
朝阳
圆觉寺
净慧岩
龙台
岩观音
偏岩
朝阳洞
驯龙
木鱼山
大埝
庵堂寺
大通寺
塔坡
永清
佛慧洞
老君岩
护龙
高升
碧云
大佛寺
镇子
兴隆
石羊
茗山寺
华严洞
毗卢洞
赤云
顶新
清流
上大佛
周礼
凤凰山云峰寺
双龙街
孔雀洞
龙桥
李家
石刻区

安岳石窟概述

一、安岳县历史地理沿革及其造像原因

安岳石窟的分布之广，可谓巴蜀石窟之最。特别是安岳石窟中极为精美的宋代造像，可以说是中国晚期石窟艺术中一颗璀璨的明珠。

安岳东临大足，南接内江，西毗乐至，北连遂宁。安岳县，春秋战国时为巴蜀之境，秦时为巴蜀二郡地，两汉时为资中、牛鞞、垫江、德阳四县之境，晋代因之。梁时于此置普慈郡。北周建德四年（575）置普州，并置安岳县。因县治地在铁门山上，安然于山岳，故名安岳。隋大业元年（605），省普州入资中（治地在今四川资中县重龙镇）。大业三年（607）罢资州，改为资阳郡，安岳县属资阳郡。唐武德二年（619），分资阳郡复置普州。天宝元年（742），改普州为安岳郡。乾元元年（758），复为普州。两宋仍置普州安岳县，元代末期，明玉珍在重庆建大夏国，复置安岳县。明洪武四年（1371），于安岳县复置普州；洪武九年（1376），降潼川府为州，直隶布政司，安岳县属潼川直隶州。清顺治初年，因袭明制，康熙元年（1662），安岳县省入遂宁县；康熙十六年（1677），又省入乐至县。雍正七年（1729），复置安岳县；雍正十二年（1734），潼川直隶州升为潼川府（治地在今四川三台县潼川镇），安岳县属潼川府。民国初，废府州厅，改为道制，安岳县属嘉陵道管辖；1935年，将四川省划分为18个行政督察区及西康行政督察区，安岳县属第十二行政督察区。1949年10月，中华人民共和国成立后，将四川省划分为川西、川东、川北、川南四个行署区，安岳县属川北行署区遂宁专区。1958年，撤销遂宁专区，将安岳县划入川南行署区内江专区。1968年，改专区为地区，安岳县属内江地区。1997年，安岳县划归资阳市管辖。（注：参见唐·李吉甫《元和郡县图志》、宋·王象之《舆地纪胜》、宋·祝穆《方舆胜览》、民国·龚煦春《四川郡县志》、蒲孝荣《四川政区沿革与治地今释》。）

从古代文献看，安岳县虽然“土瘠民贫”，但“其民朴厚而俗美，士雅素而笃学”，且“士常比旁郡为多”，“冠带之盛与西眉并称”。（注：参见宋·王象之《舆地纪胜》卷第一百五十八“普州·风俗形胜”。）可见安岳文人云集，曾在这里生活过的名家不少，唐有著名诗人贾岛，宋有诗人、画家文同，著名道教学家陈抟，著名数学家秦九韶等，可称“人杰”。“地灵”呢？据《郡志》载：“眉（眉山）之秀以水，阆（阆中）之秀以山，普（安岳）之秀以石，故俗称石秀。”（注：参见宋·王象之《舆地纪胜》卷第一百五十八“普州·风俗形胜”。）

这里所谓“石秀”，并非指安岳县的石材之多，也非指石质之自然美，而是说安岳县摩崖石刻造像之精美。近年来，在安岳县发掘出东汉崖墓石刻造像，证明石刻造像在安岳县缘起较早。2000年，安岳县被文化部授予“中国石刻之乡”。

但就石窟（或摩崖造像）意义的石刻造像来说，到底肇始于何时？迄今为止，大致有以下三种意见。

（一）开创于南朝梁武帝普通二年（521）。此说依据是《安岳县志·古迹附金石》所载：“梁《招隐寺刹下铭》，萧纶书，普通二年，在普州。”该碑铭与石窟造像毫无关系，此说不能成立。

（二）始于隋代。此说根据《安岳县志·寺观·古迹》所载："奉圣寺罗汉，相传隋代塑像""封门寺，寺肇于隋""郡北小千佛院，开皇十三年建。"这三条论据均不能说明安岳石窟造像始于隋代。首先，因为隋代尚未出现独立的罗汉造像，所以奉圣寺之罗汉塑像不能断定为隋代，罗汉像的勃兴则始于宋及以后；其次，封门寺虽建于隋代，但并不能因此说明该处一定有隋代开凿的石窟造像，现存只有少量宋代摩崖造像；最后，建于隋开皇十三年（593）的郡北小千佛院，是否为现今所称的安岳千佛寨尚值得研究。因为这里所说的郡，当指普慈郡，普慈郡在今乐至县东北龙门乡。宋代王象之《舆地纪胜》卷第一百五十八"州沿革"说："《旧唐书·志》：置普慈郡于此。按《梁史》：普通中，益州刺史临汝侯萧猷赐铁券镂书，文云：今为尔置普慈郡，可率属子弟奉官租以时输送。后周武帝于郡立普州。《隋志》安岳县下注云：后周置安岳县，并置普州。《寰宇记》云：周武帝建德四年于郡立普州，《隋志》又云：周置普慈郡。象之谨按：《梁史》普通中已置普慈郡，周置普州非置郡也。又置多叶县于此……隋初郡废，改多叶县为普慈县。《隋志》云：开皇十三年，改多叶县曰普慈。"

因此，"郡北小千佛院"应在乐至县境内，而非今之安岳千佛寨。千佛寨在安岳县城西北2.5公里之大云山上。《安岳乡土志》云："栖岩寺，在治西北五里大云山，唐开元中僧元（玄）应建。康熙间重修，因岩间有石像千余，更名千佛寺。"可见，千佛寨在唐代开元年间称为栖岩寺，清代康熙年间改为千佛寺，后来才改称千佛寨的。此处现存摩崖造像尚未发现有隋代作品，所存碑刻铭文或造像题记最早的是唐开元十年（722）普州刺史韦忠所纂的《唐西岩禅师受戒序》。

（三）发端于唐代。持此说者主要是通过对安岳石窟现状予以分析，特别是近年来在安岳永清镇店子村7组丁家坡佛耳岩摩崖造像所存的初唐佛教五尊龛，且有纪年为"大唐武德三年"的题记，再从窟龛形制、造像艺术风格、最早的镌记等进行判断，得出安岳石窟始凿于唐，而盛于宋。笔者认为此种意见较为切合实际。

那么，安岳凿窟造像的原因是什么呢？笔者以为有如下几点。

（一）素有"石秀"美誉的安岳，千山万壑，崖石多而易于雕刻，为凿窟造像提供了有利的载体条件。

（二）安岳县自唐以来，就有"士多于民""独惟人物之富甲于蜀东"之说，这就为在安岳传播当时之社会主流思想和文化奠定了良好的基础。

就儒、释、道文化而言：首先，安岳人"尚礼仪、尊爱贤者"蔚成风气，人们"有无相通，忧患相恤""无倦于教育"，足见儒家思想在安岳影响之深广；其次，唐开元年间，玄应禅师等在安岳弘扬佛法，对安岳凿窟造像之兴起功不可没；最后，唐代的李玄则法师等在安岳玄妙观营造道像，对安岳凿窟造像的发展做出了贡献。

（三）僧侣信仰和民间信仰是安岳凿窟造像的重要原因。不论是佛教或是道教，僧侣、道士们出于宗教信仰，在宣传宗教义理方面都是不遗余力的。除刊行经籍和讲经说法外，最具大众化的传媒方式，莫过于借助造型艺术（主要是绘画、雕塑）进行"以像教化"，借以达到使人归信的目的。因此，僧侣信仰对于凿窟造像的发端，无疑起到了极为重要的作用。而民间信仰则包括两个层面：一是来自官方统治者和官僚，他们将宗教作为治理的手段之一，大力提倡建寺修塔、凿窟造像，而且不少地方军政官吏和眷属都身体力行；二是来自百姓中的善男信女，他（她）们上祝皇封永固、国泰民安、亡灵生天，下祝自身清吉、消灾祛病、无仇无怨。因此，他们以凿窟造像为功德，捐资出力，甚至割田舍地。同时，以"义邑"（一种民间组织）形式结社造像，以示信仰虔诚，让神灵护佑而解脱苦难，达到精神净化和进入理想境界。

据安岳县文物管理所2000年5月文物普查结果统计，全县境内共有石窟及石刻造像234处，大小造像10万余躯。其中，属全国重点文物保护单位9处，省级文物保护单位19处，其余皆为县级文物保护单位和县级文物保护点。

属于省级和县级文物保护单位的，造像时代为唐、五代、宋，且有一定规模的，有侯家湾摩崖造像、木鱼山摩崖造像、庵堂寺摩崖造像、净慧岩摩崖造像、大佛岩摩崖造像、三仙洞摩崖造像等。

安岳石窟有的保存现状较好，有的风化较严重，有的已被村民用油漆彩画，特别是庵堂寺的五代造像被彩画后，已失原貌。

二、安岳石窟窟龛形制分期

按照安岳石窟的历史发展，拟将窟龛形制划分为三期。

第一期：唐代，是安岳石窟的形成期，主要受广元、巴中石窟的影响。该期的窟龛形制有以下四种。

（1）重檐屋形帐幕（或帷幕）双重龛。其特点是龛额凿为三层，第一、二层合为双重檐，装饰有焦叶、山花；第三层刻为帐幕（或帷幕），龛内三壁刻像。这种龛主要见于安岳卧佛院。

（2）单口略呈弧形顶龛。龛楣似莲瓣形，门楣装饰有缠枝卷草纹，或变形莲花纹，龛底部凿有马蹄形坛基，上设佛像。主要见于安岳卧佛院。

（3）单口平顶（或略呈弧形顶）龛。龛楣略呈莲瓣形，或装饰有山花，或素面无装饰，龛内三壁刻像。主要见于安岳千佛寨。

（4）方形平顶龛。底部凿低坛，其上三壁刻像，低坛立面正中刻双狮和博山炉。主要见于安岳木鱼山。这种刻有双狮和博山炉的窟龛在安岳石窟中不多见。

第二期：五代，是安岳石窟自成体系的过渡期。

该期的窟龛形制较单一且规模较小，主要为平顶双重龛，内龛三壁刻像，龛口左右各刻一力士，龛门左右上角大都刻有雀替。主要见于安岳圆觉洞和庵堂寺。

第三期：宋代，是安岳石窟自成体系的极盛期。

该期的窟龛形制也较单一，但规模较大，主要为方形（或矩形）平顶窟（龛），窟（龛）平面呈方形（或矩形），三壁设像，也有三壁凿坛，其上设像。主要见于圆觉洞、毗卢洞、华严洞、茗山寺等处。

三、安岳石窟造像题材

安岳石窟造像的题材内容可分为佛教、道教两大类，下面重点按唐、五代、宋三个时代进行叙述。

（一）佛教造像题材

1.唐代

属于显宗题材的主要有释迦说法图、释迦多宝说法图、一佛二弟子二菩萨二力士、阿弥陀佛、弥勒、观音、西方净土变、观经变、涅槃变等，属于密宗题材的主要有华严三圣，千手观音、地藏、药师经变等。这些题材在广元、巴中、通江、夹江、丹棱、蒲江、邛崃、资中等石窟中出现过，只是安岳石窟在某些题材内容的表现方面有其独特之处。如卧佛院第3号涅槃变窟、千佛寨第68号药师经变窟等。这样的涅槃变、药师经变石雕造像，不仅在巴蜀其他石窟中未有，而且在中国石窟雕刻造像中也是绝无仅有的。

2.五代

属于显宗题材的主要有释迦说法图、三世佛、十方佛、千佛、西方三圣、观经变、十六罗汉等，

属于密宗题材的有千手观音、地藏、地狱变、毗沙门天王、明王等。其中，最有特色的是圆觉洞第60号地狱变龛，其内容综合了《佛说盂兰盆经》《目连缘起》《佛说十王经》，既表现了目连救母故事中的某些情节，又表现了十大冥王和以“业镜”象征阳间杀生者在阿鼻地狱中受审及被惩罚的场面，在巴蜀其他石窟中极为少见。

3.宋代

属于显宗题材的主要有释迦说法图、释迦拈花微笑、西方三圣、阿弥陀佛、弥勒佛、观音、维摩诘经变、十八罗汉等，属于密宗题材的主要有毗卢佛、华严三圣、观音经变、千手观音、孔雀明王经变、柳本尊十炼图等。其中最有特色的是华严洞华严三圣窟，孔雀洞第10号孔雀明王经变窟，毗卢洞第1号柳本尊十炼图、第5号观音经变。

4.明、清时代

其造像题材基本上是因袭唐、五代、宋出现过的题材，零星杂乱，日渐衰颓。

1 4
2 3

1.安岳永清佛耳岩摩崖造像　初唐
2.安岳永清佛耳岩摩崖造像供养人　初唐
3.安岳卧佛院第3号释迦涅槃变　盛唐
4.安岳永清佛耳岩第45号弥勒佛龛　唐武德三年（620）

（二）道教造像题材

道教造像题材较之佛教造像题材要简单得多，主要有元始天尊、太上老君、三清、四御、天尊老君并坐、一天尊二胁侍（或加上二力士）、仙真、护法神将等。

1.唐代

其龛像主要见于玄妙观，零星见于圆觉洞、菩萨湾。题材内容较有特色的是玄妙观第1号老君龛、原编号为第61号三清龛、原编号为第62号救苦天尊乘九龙龛（现未编号）。

第1号老君龛是巴蜀石窟中同类题材规模最大的，其内容为：内龛正壁刻主像老君手执宝扇，结跏趺坐于仰覆莲台

1 2	5 6
3 4	7 8

1.安岳千佛寨第28号窟局部左壁菩萨　盛唐

2.安岳玄妙观救苦天尊乘九龙龛（现未编号）　盛唐

3.安岳玄妙观第1号老君龛　盛唐

4.安岳千佛寨第68号药师经变窟　晚唐

5.安岳卧佛院第52号浮雕经幢　五代

6.安岳圆觉洞第13号明王龛　五代

7.安岳圆觉洞第60号地狱变龛　五代

8.安岳圆觉洞第65号毗沙门天王龛　五代

上，胸前有三脚夹轼；左右各刻有一个戴莲花冠侍者双手执笏立于莲台上。左右侧壁各刻一女真，其上方刻有十二时神。龛下部正中刻十二道像，其左右角各刻一蹲狮。内龛外沿左刻一真人，右刻一护法神将；外龛左右壁各刻一侍者，下部刻有九真人立像。这样造像众多的老君龛，在巴蜀石窟中实属鲜见。可惜该龛近年被村民用油漆涂绘，已失原貌。

原编号为第61号三清龛，是巴蜀石窟中表现三清题材最早的，其内容为：龛内正中刻道教三清境最高尊神元始天尊、灵宝天尊、道德天尊。居中的元始天尊左右各刻一侍者手执玉珪而立。正壁和左右壁共刻有四女真。该龛在“文化大革命”中遭到严重破坏，令人惋惜。

原编号为第62号救苦天尊乘九龙龛（现未编号），在巴蜀石窟中仅此一例。其内容为：龛内正中刻救苦天尊（即东极青玄上帝所化太乙救苦天尊）立于莲台上，台下浮雕有九龙；天尊右边刻一力士，左边刻一护法神将脚踏地鬼。有人将该龛定为“九头鸟龛”，理由是：“巴蜀神话九头鸟，是巴人祖先

三皇兄弟九人的象征，又是道教人鸟山传说的具体物化。”（注：参见王家佑《四川道教摩崖造像概述》，见《中国美术全集·雕塑编12四川石窟雕塑》，人民美术出版社1988年6月第1版，第34页。）

天尊脚踏之莲台下方究竟刻的是“九头鸟”还是“九龙”，可从玄妙观第24号唐天宝七载（748）所刻《启大唐御立集圣山玄妙观胜境碑》中得知：“至开元十八年七月一日，父□□化后，相　天龛，次　王公龛，□十□□□□/救苦天尊乘九龙……”由此可证，题材应为“救苦天尊乘九龙”。

2.五代

其道教造像很少，仅零星见于菩萨岩。

3.宋代

其道教造像在安岳石窟中亦不多见，仅花石岩、谷口岩有一龛三清像、老君、天尊合龛。

4.明、清至民国

其道教造像较五代、宋代略多一些，主要题材有天尊、老君、三清像、玉皇、紫微大帝、金仙、陈抟像等。

（三）佛道融合、三教会同题材

自东汉以来，儒、佛、道三教时而对立，时而和解。到盛唐至明、清，佛道融合与三教会同渐成定势。因此，在石窟造像题材中必然会反映这种文化趋势。

在安岳石窟中，表现佛道融合和三教会同题材的造像数量不及大足石窟多。唐代在玄妙观有6龛，西禅寺、石锣寺两处各有一龛。五代，在寂光寺有一龛。宋代，在华严洞旁的大般若洞有三教合窟。明、清，见于茗山寺第1号毗卢佛与东岳大帝合龛，佛洞岩之佛道合龛，孔家庙之老君、释迦、孔子像。

据此可见，安岳石窟中佛教造像题材内容的多样和丰富，以及地方化和世俗化的嬗变，当推宋代。而道教造像题材内容最具特色的，无疑要数唐代。

1 2 3 | 4 5

1.安岳毗卢洞第5号观音经变　北宋
2.安岳圆觉洞第10号释迦拈花微笑窟　北宋
3.安岳茗山寺第5号毗卢遮那佛　北宋
4.安岳华严洞华严三圣窟辨音菩萨像　北宋
5.安岳华严洞华严三圣窟窟口左侧不空羂索观音　明

四、安岳石窟艺术特色

毋庸置疑，安岳石窟艺术的鼎盛期是在宋代。这与当时以文氏家族为代表的工匠娴熟的雕刻技艺不无关系。他们自成体系的造像艺术风格，不仅为安岳石窟艺术谱写了辉煌的篇章，而且影响了大足和邻近县的石窟造像艺术。

安岳石窟的兴起时代已是北方、中原石窟处在极盛期的尾声时代，又是广元、巴中等石窟进入鼎盛期的时代。

因此，作为初创期的安岳唐代石窟，其造像艺术风格主要是受广元、巴中石窟艺术的影响，但总体上不如广元石窟唐代造像那样恢宏，也不及巴中石窟唐代造像那样华美。由于地域文化使然，安岳唐代石窟艺术风格相对而言，显得更质朴，更人性化。造像的布局，主要以主尊为中心，两侧对称的程式化构图形式。为了克服板滞的构成关系，匠师们对两侧辅像的处理，采用动态、法器等变化以及横竖相破等表现手法，即在对称、均衡中寻求变化。单尊龛像，则着力于细部刻画。雕刻艺术手法，以半圆雕为主，辅之以浅浮雕和线刻。造型采用线、面结合，形象塑造以丰润为其时代之审美特征，同时又以“三十二相”“八十种好”为庄严妙相的定型化原则。对衣褶的处理，多半是借助线条来表现其疏密和转折关系。在安岳唐代石窟造像中，构图富有变化的，如卧佛院第3号涅槃变窟、千佛寨第68号药师经变窟；造型较美的，如卧佛院第45号十一面千手观音龛、千佛寨第28号一佛四菩萨窟中残存的菩萨像、玄妙观第2号龛左侧二护法神等。

安岳五代造像就艺术性而言，不及唐代造像。虽然对唐风有所继承，但已失去了唐代的富丽堂皇和恢宏大度。神性的减弱和世俗化的增强，使五代的石窟艺术风格趋于平实。在安岳石窟中，五代造像艺术之佳作，有圆觉洞第59号西方三圣龛、第63号十六罗汉摔跤图、第65号毗沙门天王龛等。

如果说安岳唐、五代石窟艺术尚处于对广元、巴中石窟的借鉴和融合的渐变过程的话，那么，安岳宋代石窟艺术则进入了自成一格的成熟期。其艺术特点包含如下内容：一是雕刻手法的多样化，如圆雕、半圆雕、浅浮雕（薄内雕、剔底起凸）、透雕、线刻等；二是造型写实，形体比例准确，形象刻画细腻；三是衣纹的处理突破过去以阴线刻和阶梯式表现衣褶的简单而生硬的手法，衣褶随形体结构而转折变化，宛如塑出，这对于石雕要达到如此高超的技巧是很不容易的；四是布局构成较前期更胜一筹，特别是对多尊像的组合，既讲求对称、均衡、和谐，又注意在统一中见出大小、高低、起伏、疏密等变化。

安岳宋代造像艺术最精彩的是毗卢洞第1号柳本尊十炼图、第5号观音经变，华严洞华严三圣窟；其次是圆觉洞第7号净瓶观音窟、第10号释迦拈花微笑窟、第14号莲花手观音窟等。

毗卢洞第1号窟和华严洞华严三圣窟在大的布局上均未摆脱程式化构图形式，即同样把主像雕刻得大而庄严，将左右及左右壁之对称辅像雕刻得小一些。工匠们为了克服呆板的对称排列弊病，对每一辅像的动态及手的印契等均加以区别，寓变化于统一之中，以此增强了这些辅像的生动感。乍一看，似乎觉得佛、菩萨等的造型较雷同，匠师们虽然不可能完全脱离“三十二相”和“八十种好”的定型化审美原则，但细致观察就可见出匠师们对不同的佛、菩萨形象的刻画，均有不尽相同的细微变化，而且这些形象或多或少都融进了世俗形象的审美特征，这在宋代造像中尤为突出。

安岳石窟中的宋代造像尽管写实性较强和人性化较浓，但毕竟是在塑造神。因此，必然要采用象征和暗示手法去表现神性。这在佛教、道教造像的题材、形象、服饰、手印、坐式、台座等均暗示出一定的象征意义。此外，对于某些形象也不排除采用夸张和变形手法。如表现明王、天王、天龙八部、力士等护法神时，为了突出这些护法神像的威猛忿怒，匠师们尽量夸张其粗壮的体魄和强健的肌肉；尤其是面部的夸张变形，如豹眼、狮鼻、厚唇、龇牙咧嘴、二牙上出等。这些夸张变形的形象配置在窟龛中，与佛、菩萨的庄严妙相形成鲜明对比，不但不会使观赏者感到别扭，反而增强了艺术的感染力。

石窟雕刻尽管自宋以后日渐衰微并让位于绘画，但我们从安岳石窟艺术中，不难见出古代安岳人民的智慧和创造力。安岳石窟中包含着宗教的流变、雕刻艺术的发展、民俗的衍化以及区域文化历史演进等诸多方面的价值，对我们今天全面、系统、深入研究巴蜀文化提供了弥足珍贵的实证史料。

安岳茗山寺第1号佛道合龛东岳大帝　清

毗卢洞摩崖造像

毗卢洞摩崖造像位于安岳县城东南 50 公里石羊镇油坪村之厥山上，现存窟龛 20 个（含空龛 6 个），大小造像 465 躯，开创于宋初。
1956 年，四川省人民政府公布其为省级文物保护单位。
2001 年，国务院公布其为第五批全国重点文物保护单位。

此处虽存有碑 18 块，大多为明、清时的培修或重修妆彩题记，无一则纪年造像题记。
不过，从明、清碑记中可知该处造像“创自宋初”。
窟龛形制较单一，均为敞口矩形平顶窟。

造像题材内容主要有：
柳本尊十炼图、柳本尊三身像、观音经变、华严三圣、十八罗汉、功德主像、三皇像等。
堪称造像艺术精品者，当推第 5 号观音经变窟中的水月观音像。
题材内容最具地方特色者，要算表现“川密”祖师行化题材的第 1 号柳本尊十炼图。

重庆江津高坪石佛寺第1号水月观音龛　北宋

水月观音是三十三观音之一，作观水中之月状，出自于《妙法莲华经·观世音菩萨普门品》。现藏法国巴黎吉美博物馆的绢幡上绘的水月观音，纪年为五代后晋出帝天福八年（943），系原发现于敦煌的一幅《水月观音》。同题材的在敦煌共计有15幅，创作年代为五代和两宋。但从文献上看，似乎还有更早的水月观音画作，如唐代张彦远《历代名画记》卷十“唐代下”载：“周昉，字景玄，官至宣州长史。初效张萱画，后则小异，颇极风姿，全法衣冠，不近闾里。衣裳劲简，彩色柔丽；菩萨端严，妙创水月之体。”（注：参见于安澜《画史丛书》第一册，上海人民美术出版社1963年10月第一版，第123页。）可见唐代画家周昉是创作“水月观音”画的开先河者。而在佛教石窟中，雕塑水月观音像则多见于两宋时期。

所谓“观音经变”即是指以《妙法莲华经·观世音菩萨普门品》所述之观音菩萨救八难等故事而创作的图像。佛教文学称“变文”，即唐代以来流行的一种说唱体通俗文学。在佛教美术中以图像（绘画、雕塑等）演绎佛经故事的，称为“变相”，如观音经变、药师经变、地狱经变、涅槃经变等。

◀ 图1　毗卢洞第5号观音经变龛水月观音像　北宋

窟高500厘米、宽750厘米、深350厘米，像高280厘米

该题材出于《妙法莲华经·观世音菩萨普门品》。水月观音像雕刻极为精美，为安岳石窟造像中的上乘之作。水月观音游戏坐于山岩蒲草上，左脚踏莲。面相丰润秀美，头戴化佛高花冠，袒上身，披云肩，斜披络腋，胸、腹、膝饰璎珞，左手撑地，右手抚膝。下着长裙，帔帛绕肩臂垂于体侧。像后有火焰纹举身光、紫竹、净瓶等。该像左右侧浮雕有观音救八难图，主尊观世音菩萨游戏坐于铺有蒲叶之石上，呈左侧身俯视水月状，背景浮雕为普陀山紫竹林。因此，该像亦可称为“水月观音”。其左右侧壁刻有八难图：堕岩难、遇火难、刑戮难、逢兽难、雷电难、鸩毒难，另有两难图已崩圮不存，故称“观音经变”。

图2　毗卢洞第5号观音经变龛水月观音侧身像　北宋

毗卢洞第5号龛中的主像水月观音，宛若民间的靓女，妩媚动人，温馨亲昵，她那悲悯的目光恍若无处不在观照众生。神人合一，正是宋代造像的审美追求。同时，匠师在处理这尊像时，成功地把握了造像与观赏者视角的最佳关系。有人把这尊美丽的观音像比喻成“东方维纳斯”，这种比喻虽然牵强附会，但这尊造像的艺术魅力却是永恒的。

1 | 2
  | 3

1.重庆合川涞滩北岩第1号水月观音龛　南宋
2.重庆大足北山佛湾第133号水月观音窟　南宋
3.重庆大足北山佛湾第113号水月观音龛　南宋

图3 毗卢洞第5号观音经变龛水月观音正面头像 北宋

毗卢洞第5号观音经变龛水月观音侧面头像　北宋

图4　毗卢洞第5号观音经变龛右侧壁救八难图（局部）　北宋

图5　毗卢洞第5号观音经变龛左侧壁救八难图（局部）　北宋

据《妙法莲华经·观世音菩萨普门品》，观世音菩萨神通广大，有求必应，称其名号，即得解脱，颇受百姓信仰。清代在水月观音像左右砌墙垒石，救八难图很有可能是此时补刻的，故以此构成“观音经变”。

图6、图7　毗卢洞第4号坛基功德主像（局部）　北宋

像高23～46厘米

该号正面坛基上刻华严三圣像，其左右刻二弟子像。正面和左右坛基立面共刻有322躯小坐像，每像均开一浅圆龛，每像均结跏趺坐或结印或持花、供物等，并于像右旁刻有姓氏。功德主即指供养佛、法、僧三宝的施主。该号所刻的功德主即指捐资造像的施主。

图8、图9　毗卢洞第4号坛基功德主像（局部）　北宋

图10　毗卢洞第1号柳本尊十炼图左视图　北宋

窟顶外上壁凿五小圆龛，内刻五佛。窟内以毗卢遮那佛像为中心，左右两侧分上下层刻柳本尊十炼图像，每一炼图像左右分别刻柳本尊作证之佛、菩萨、天王、官吏等像，并刻有炼文，窟口左右分别刻一护法天王像。

图11　毗卢洞第1号柳本尊十炼图右视图　北宋

窟高660厘米，宽140厘米，深450厘米

重庆大足宝顶山大佛湾第21号柳本尊行化十迹图　南宋

关于柳本尊的生平事迹，现仅见于大足宝顶山小佛湾所存复刻南宋绍兴十年（1140）沙门释祖觉修撰的《唐柳本尊传》碑（已残）、安岳毗卢洞第1号柳本尊十炼图、大足宝顶山第21号柳本尊行化十迹图所刻颂文。

从有限的资料中可知，柳本尊，名居直，唐大中九年（855）生于嘉州龙游县玉津天池霸（今四川乐山市境内）。他本是被人抛于州城北柳树下的弃婴，被邑都吏收养。既长，聪慧过人。一天，他在途中遇到一女子，便与之归。不久，便素食纸衣，律身清苦，专门修持"大轮五部秘咒"（金刚界大曼荼罗），每日念诵《瑜伽经》，经数年大有所获。

唐广明元年（880）冬天，黄巢起事，直捣长安，僖宗仓皇逃蜀。战乱给人民带来了饥荒和疾病，柳本尊悲悯于此。光启二年（886）六月十五日，柳本尊发愿持咒灭灾。同年八月八日，建道场烧炼左手指一节，供养诸佛，誓救众生。

柳本尊赴川西弘扬密法，行至武阳（今四川成都新津县武阳镇）象耳山，收袁承贵为弟子，并同登峨眉山金顶苦修数年。之后，率弟子去成都。

天复元年（901），柳本尊持咒驱妖，颇受人崇信，有数十人弃家追随柳本尊。次年，柳本尊燃香于左脚踝上烧炼，愿众生处处皆遇道场，永不践邪淫之地。同年，在广汉收杨直京为弟子，杨献舍宅为道场。

图12　毗卢洞第1号柳本尊十炼图主尊毗卢佛像　北宋

像高300厘米

在该号中毗卢佛是作为柳本尊的法身像而放置在主尊地位的。毗卢佛像面方，螺发，头戴镂空宝冠，身着双领下垂大衣，双手结内缚印，结跏趺坐于铺帛金刚仰莲座上，座左右各有一天王双手托座。

毗卢佛是毗卢遮那佛的略称，是释迦牟尼佛的法身，也是佛教密宗的主尊，又称为“大日如来”，意为“光明遍照”。

天复三年（903），柳本尊到弥牟（今四川成都青白江区弥牟镇）。广汉太守赵公派差吏前来请目，柳本尊毅然剜眼呈献。赵公惊异，痛自悔恨，将柳迎至广汉，并献舍宅为寺院，恭请柳做住持，柳却派弟子做住持，随即回到弥牟。赵公又在弥牟建寺院，柳本尊仍派其弟子住持。不久，柳本尊去金堂县（今四川成都金堂县赵镇），然后又经金水县（今四川成都金堂县东南同兴乡）去成都，时有玉津坊女子卢氏施宅建道场。

因闻嘉州（今四川乐山市）瘟疫流行，死者甚多，柳本尊割左耳，立誓除之。天祐二年（905）七月，柳本尊以香、烛炼心，发愿令一切众生永断烦恼，后又燃香炼顶。同年八月五日，他在玉津坊结坛，挥刀斩左臂，经四十八刀方断，刀刀发愿，誓救众生，以应阿弥陀佛四十八愿。时厢吏将此事禀告蜀主王建，蜀主叹异，即派使者前往慰劳。

成都马头巷有一位姓丘名绍的男子，因病已死三天，但心尚存余温。其妻请柳本尊施法咒让夫复活，若能如愿，则夫妇及二女将终身侍奉于他。柳本尊即以香水洒之，诵咒，不一会儿，丘绍果然复甦。此后，丘绍夫妇及二女便不离柳本尊左右。

一日，柳本尊以蜡布裹阴烧炼，以示绝欲。蜀主王建知道后，即召柳入宫，问道："居士以什么方法救人，而又灵验呢？"柳答："我精修日炼，全在追求断除三界烦恼而证得涅槃和菩提，我专持大轮五部秘咒救度众生。"又问："既如此，那居士又会何咒，须何物？"答："只要香花供养就足够了。"于是，蜀主请柳诵咒。柳持咒三天，蜀主赐赠金银绸缎和名香，柳坚决不受，只请求让他回到弥牟。蜀主下令赐柳所在弥牟之院额为"大轮院"，永作皈依之地。

天祐三年（906）正月，柳本尊烧炼两膝，发愿与众生同见于龙华三会。自此，四方僧俗云集于座下，听法者愈来愈多。

天祐四年（907）七月十四日半夜，柳本尊将弟子袁承贵、杨直京叫到跟前，付嘱："我将离开人世，你们务必总持秘密摧邪显法之所有咒法，共同弘扬密教。"说毕便圆寂了，享年53岁（一说法寿84岁，一说88岁）。

图13　毗卢洞第1号柳本尊十炼图主尊右下方托座天王　北宋

图14　毗卢洞第1号柳本尊十炼图主尊左下方托座天王　北宋

据说蜀主王建曾授予柳本尊“唐瑜伽部主总持王”称号（可能为南宋赵智凤杜撰）。宋熙宁元年（1068），神宗赐院额为“圣寿院”。“成都持瑜伽教贾文确件其事，命草泽张纳为之记。”（注：参见《大足石刻铭文录》，重庆出版社，1999年8月第1版，第208页。）

宋时，已有数本关于柳本尊传记流传于民间，但“猥丑鄙俚”“疑信相半”。南宋绍兴十年（1140）春，冯翊、王直清以沙门释祖觉修订的《唐柳本尊传》为正本，眉山安养居士张岷为之作跋，由弥牟圣寿院住持尼仁辩资助，刻碑立于柳本尊墓之左。

南宋淳熙元年（1174），大足县米粮里僧赵智凤西去弥牟，游学三昼。回到大足后，他在今宝顶山命工建圣寿本尊殿，并营造石窟，主持造“柳本尊行化十迹图”窟，复刻《唐柳本尊传》碑等。他还自谓“六代祖师传密印”，以弘扬柳本尊之遗教。

从柳本尊行化十迹中，可以看出他所持的大轮五部咒，虽与唐开元年间金刚智、不空所传金刚界密法有关，但他烧炼身躯却属头陀行为，与“纯密”无关。因此，沙门释祖觉在《唐柳本尊传》中评道，“柳居士尝为金刚藏，而非金刚藏之化也”，并指出，唐末由于礼崩乐坏，致使佛教宗派真伪相混。尽管如此，但是柳本尊于唐末五代在巴蜀以密教为宗本，自创与唐开元三大士之“纯密”相左的“川密”，为瑜伽密教的地方化发展做出了突出的贡献。

毗卢洞第1号柳本尊十炼图主尊毗卢佛像（局部） 北宋

笔者之所以不惜笔墨谈论柳本尊的事迹，是因为安岳毗卢洞（包括大足宝顶山）之柳本尊行化十迹题材内容与之关系太密切，而且该题材的出现，对于巴蜀石窟地方化特质的形成和发展起到了极为重要的作用，也有助于推动对柳本尊及其“川密”问题研究之深化。

重庆大足宝顶山大佛湾第21号柳本尊行化十迹图柳本尊像　南宋

毗卢洞第1号柳本尊十炼图，是表现“川密”祖师行化的题材。这种地方性题材，仅见于安岳和大足石窟，其他任何石窟均无。其内容为：以主尊毗卢佛为中心，分上下两层表现柳本尊通过炼指、立雪、炼踝、剜眼、割耳、炼心、炼顶、舍臂、炼阴、炼膝十种烧炼身躯行为教化信众。每一炼均有题刻说明其内容，同时刻有柳本尊烧炼时作证的佛、菩萨、护法神等，以及被他所开示的官吏和善男信女。

重庆大足宝顶山大佛湾第21号柳本尊行化十迹图第一炼指　南宋

柳本尊结跏趺坐像，左手当胸伸出食指和中指，指尖现火焰以示炼指。其右侧有一佛、一菩萨像为之作证。铭文：“第一炼指　/本尊教主于光启/二年，偶见人/多疫疾，教/主悯之，遂/盟于佛，持/咒灭之，在/本宅道场中，炼左手第/二指一节，供养诸佛，誓/救苦恼众生，感圣贤摄/授道不语云：汝誓愿广/大，汝当西去，遇弥即住，/逢汉即回，遂游礼灵山，/却回归县。”

◀ 图15　毗卢洞第1号柳本尊十炼图第一炼指　北宋

像高168厘米

图中柳本尊呈结跏趺坐状，头戴巾，身着交领宽袖袍，右手抚膝，左手置胸前，食指尖上燃一团火。炼文云：“第一炼指　本尊教主于光启二年偶见人多疫疾，教主悯之，遂盟于佛，持咒灭之。在本宅道场中，炼左手第二指一节，供养诸佛，誓救苦恼众生。感圣贤摄授道不语云：汝当西去，遇弥即住，逢汉即回。遂游灵山，却回归县。”

重庆大足宝顶山大佛湾第21号柳本尊行化十迹图第二立雪　南宋

柳本尊脱帽结跏趺坐于雪山中，左上角有普贤菩萨为之作证。铭文："第二立雪　/本尊教主于光启二年十/一月，挈众游峨眉山，瞻礼/普贤光相，时遇大雪弥漫/，千山皓白，十三日将身腾向峰顶，大雪中凝然端坐，/以表释迦文佛雪山六年/修行成道。感/普贤菩萨现身作证。"

◀ 图16　毗卢洞第1号柳本尊十炼图第二立雪　北宋

像高155厘米

图中柳本尊结跏趺坐，免冠，身着交领宽袖袍，双手结禅定印。炼文云："第二立雪　本尊教主于光启二年十一月，挈众游峨眉山，瞻礼普贤光相。时遇大雪弥漫，千山皓白，将身腾向峰顶，大雪山中凝然端坐，以效释迦文佛雪山六年修行成道，感普贤菩萨现身证明。"

◄ 图17　毗卢洞第1号柳本尊十炼图第二立雪作证之普贤菩萨像　北宋

像高134厘米

普贤菩萨像位于“第二立雪”之柳本尊像左侧，头戴花冠，冠中刻一小坐佛，袒上身，披云肩，胸饰短璎珞，双手已毁。两像之间刻有一白象。

► 图18　毗卢洞第1号柳本尊十炼图第三炼踝右上方作证之天王　北宋

天王面相方圆，二目圆睁，头戴方冠，左手叉腰，右手拄剑而立。

第九煉
第三煉

重庆大足宝顶山大佛湾第21号柳本尊行化十迹图第三炼踝　南宋

柳本尊结跏趺坐，双手合十，足心现火焰二朵。左右各立二天王为之作证。铭文：“第三炼踝　/本尊教主宴坐峨眉历时/已久，忽睹僧谓曰：居士止此/山中有何利益？不如往九州/十县救疗病苦众生，便辞山/而去。于天福（应为天复）二年正月十八日/，本尊将檀香一两为一炷/，于左脚踝上烧炼，供养/诸佛。愿共一切众生，举足下足，皆遇道场，永不践邪谄之地。感/四天王为作证明。”

◀ 图19　毗卢洞第1号柳本尊十炼图第三炼踝　北宋

像高165厘米

图中柳本尊头戴巾，身着交领宽袖袍，双手合十，左脚踝上燃一朵火焰。炼文云：“第三炼踝　本尊教主宴坐峨眉，历时已久，忽睹僧谓曰：居士止此山中有何利益？不如往九州十县，救疗病苦众生，便辞山而去。天福（应为天复）二年正月十八日，本尊将檀香一两为一炷，于左脚踝上烧炼，供养诸佛。愿一切众生举足下足皆遇道场，永不践邪谄之地。感四天王为作证明。”

◀ 图20　毗卢洞第1号柳本尊十炼图第三炼踝左上方作证之天王像　北宋

像高100厘米

图中为柳本尊像之左侧二天王（上左一和下一），上一天王头戴冠，身着圆领宽袖袍，右手按斧拄地；下一天王头戴小冠，身着圆领宽袖袍，扎腰包肚，侧首，右手上举，食指、中指与拇指相捻，左手执锏扛于肩上。图中右一为第五割耳图中为之作证的浮丘大圣像。

▲ 图21　毗卢洞第1号柳本尊十炼图第三炼踝作证之天王像　北宋

像高100厘米

图中天王像位于柳本尊之右侧，宝珠束发，身着圆领宽袖袍，双手捧一宝塔，塔正面开一圆龛，内刻一小坐佛。

重庆大足宝顶山大佛湾第21号柳本尊行化十迹图第四剜眼　南宋

柳本尊结跏趺坐，右手握刀，左手将已剜下的右眼珠放于侍者所捧盘中。铭文："第四剜眼　/本尊贤圣至汉州已/经旬日，忽忆往日圣/言：逢弥即止，遇汉即/回。由此驻锡弥濛（牟）。一/日，汉州刺史赵君，/差人来请眼睛，/许云用作药剂，/欲试可？本尊心已/先知，人至，将戒刀便剜付/与，殊无难色。感/金刚藏菩萨顶上现身。眼至，赵/君观而惊叹曰：真善知识也。/投诚忏悔。时天福（天复）四年七月三日/也。"

◀ 图22　毗卢洞第1号柳本尊十炼图第四剜眼　北宋

柳本尊呈结跏趺坐状，头戴巾，身着交领宽袖袍，右手执刀刺向右眼，左手托帕做接眼状。炼文云："第四剜眼　本尊贤圣至汉州已近旬日，忽忆往日圣言：逢弥即止，遇汉即回。由此驻锡弥蒙（应为牟）。一日，汉州刺史赵君，差人来请眼睛，许云用作药剂，欲试可（否）。本尊心已先知，人至，将戒刀便剜付与，殊无难色。感金刚藏菩萨顶上观身。眼至，赵君观叹惊曰：真善知识也！投身忏悔。时天福（天复）四年七月三日也。"

▲ 图23　毗卢洞第1号柳本尊十炼图第四剜眼之汉州刺史赵君像　北宋

像高140厘米

该像为“第四剜眼”炼文中所说的汉州（治所在今四川广汉市）刺史赵君，头戴展脚幞头，身着圆领大袖袍，双手执一长柄香炉。

► 图24　毗卢洞第1号柳本尊十炼图第六炼心作证之大轮明王像　北宋

像高120厘米

该像位于柳本尊像左上侧。大轮明王呈忿怒相，鼻下部已毁，焰鬟，裸上身，下着裙，六臂。其中二手拱揖；上左手执法轮，上右手所执法器已残损不辨；右下手拄剑，左下手握拳。

重庆大足宝顶山大佛湾第21号柳本尊行化十迹图第五割耳　南宋

柳本尊结跏趺坐，右手持刀，左手拉耳，做割耳状。左上角立有浮丘大圣为之作证。铭文：“第五割耳　/本尊贤圣令徒弟住/弥濛（牟），躬往金堂，金水行/化救病。经历诸处，亲往/戒敕，诸民钦仰，皆归/正教。于天福（天复）四年二月/十五日午时，割耳供养诸佛。感/浮丘大圣/顶上现身以为证明。”

◀ 图25　毗卢洞第1号柳本尊十炼图第五割耳　北宋

像高165厘米

图中结跏趺坐的柳本尊，右手执刀割耳，左手提耳。炼文云：“第五割耳　本尊贤圣令徒弟住弥蒙（应为牟），躬往金堂、金水行化救病。经历诸处，亲往戒敕，诸民钦仰，皆归正教。于天福（天复）四年二月十五日午时，割耳供养诸佛。感浮丘大圣顶上现身，以为证明。本尊教主，后于大唐宣宗皇帝在位，天福（应为天复）三年七月十日夜呼紫绶金章喟曰：吾今去矣，汝当久住，共持大教，所有咒藏咐嘱教授。说是语已，归于涅槃。即时虚空百千俱眩总持秘密摧邪显出护世威王，一切菩萨现，劝请惟愿教主久住说法，令诸末世离恶道苦。本尊曰：吾当引导开懵揖化弘持大教，化毕缘终，理归寂灭。法寿八十又四。一念皈依，获无量寿。”

第六

重庆大足宝顶山大佛湾第21号柳本尊行化十迹图第六炼心　南宋

柳本尊仰卧于床，袒胸高枕，头东脚西，心窝处现一朵火焰以示炼心。柳本尊像右侧上方立大轮明王像，以示为之作证。铭文：“第六炼心　/本尊贤圣于天福五年七月三/日，以香蜡烛一条炼心，供养诸/佛，发菩提心，广大如法/界，究竟如虚空/，令一切众生/永断烦恼，感/大轮明王现/身证明，一切/众生悉得惺（醒）悟。”

注：柳本尊行十迹圈中所刻铭文碑称“天福五年”或“天福六年”皆误，唐代唐昭宗在位时有“天复”，只行了三年（901—903），所谓“天福五年”或“天福八年”，应为“天祐二年”（905）或“天祐三年”（906）。

◀ 图26　毗卢洞第1号柳本尊十炼图第六炼心　北宋

像高145厘米

图中柳本尊游戏坐斜靠于凭几上，右手置膝上，左手执一串念珠，袒胸并现一团火焰。炼文云：“第六炼心　本尊贤圣于天福（天复）五年七月三日以香蜡烛一条炼心，供养诸佛。发菩提心，广大如法界，究竟若虚空，一切众生永断烦恼。感大轮明王现身证明，一切众生，始得醒悟。大藏佛言：本尊是毗卢遮那佛，观见众生受大苦恼，于大唐大中九年六月十四日，于嘉州龙游县玉津镇天池坝现法身出现世间，修诸苦行，转大法轮。始于唐武宗敕赐额名毗卢院，永为引导之师。次，孟蜀主敕赐题名大轮院，长作皈依之地。宋神宗皇帝熙宁年敕赐号寿圣本尊院，永作救世医主。然梵敕赐，已经三朝。”

重庆大足宝顶山大佛湾第21号柳本尊行化十迹图第七炼顶 南宋

柳本尊结跏趺坐，双手合十，免冠，头顶上有一朵火焰。像右侧立有文殊菩萨为之作证。铭文："第七炼顶 /本尊贤圣于天福（天复）五年七月/十五日，本尊以五香捍就一条/腊烛，端坐炼顶，效/释迦佛鹊巢顶相，大光明王舍头布施。感/文殊菩萨顶上现身，/为作证明。"

◀ 图27 毗卢洞第1号柳本尊十炼图第七炼顶 北宋

像高170厘米

图中柳本尊结跏趺坐，面圆，卷发，左手抚膝，右手当胸捧经函，头顶上现一朵火焰。炼文云："第七炼顶 本尊贤圣于天福（天复）五年七月十五日，以五香捍就一条蜡烛，端坐炼顶，效释迦佛鹊巢顶相，大光明王舍头布施。感文殊菩萨顶上现身，为作证明。"

图28　毗卢洞第1号柳本尊十炼图第七炼顶作证之文殊菩萨像　北宋

像高135厘米

该像位于柳本尊像右侧。其像面圆，头戴高花冠，冠中刻一小坐佛，身着双领下垂大衣，胸饰璎珞，双手执长茎莲，右手已毁，身后有一青狮。

图29　毗卢洞第1号柳本尊十炼图割发女卢氏　北宋

像高155厘米

该像位于文殊菩萨像下方，刻为大半身像。割发女面相长圆，束发小冠，身着交领窄袖衫，腰束革带，双肩搭帛，左手护头，右手执刀做割发状。据宋释祖觉《唐柳本尊传》载，柳本尊于天复三年（903）去成都，时有玉津坊女子卢氏施宅建道场。该像应为卢氏女子削发归教。

重庆大足宝顶山大佛湾第21号柳本尊行化十迹图第八舍臂　南宋

柳本尊结跏趺坐，露左臂于腹前，右手持刀做砍状。左右各有一佛立于莲台上为之作证。铭文：“第八舍臂　/本尊教主/于天福五年，/在成都玉津/坊道场内，/截下一/只左臂，/经四十/八刀方断，/刀刀发愿，誓救/众生，以应阿弥/陀佛四十八愿。顶/上百千天乐，不鼓/自鸣。本界厢吏谢/洪具表奏闻，蜀王/叹异，遣使褒奖。”

◀ 图30　毗卢洞第1号柳本尊十炼图第八舍臂　北宋

像高170厘米

图中柳本尊结跏趺坐，左手伸臂，右手执刀做砍状。炼文云：“第八舍臂　本尊教主于天福五年，在成都玉津坊道场内截下一只左臂，经四十八刀方断，刀刀发愿，誓救众生，以应阿弥陀佛四十八愿。顶上百千天乐，不鼓自鸣。本界厢吏谢洪，具表奏闻，蜀王叹异，遣使褒奖。”

▲ 图31　毗卢洞第1号柳本尊十炼图第八舍臂作证之阿弥陀佛像　北宋

像高150厘米

该像位于柳本尊像右侧。阿弥陀佛像面相方圆，平顶螺髻，中有摩尼珠顶严，身着双领下垂大衣，双手当胸施与愿印，以示为柳本尊舍臂作证。

► 图32　毗卢洞第1号柳本尊十炼图第八舍臂中之蜀王使者像　北宋

像高124厘米

该像即炼文中所说的蜀王派遣之使者。使者头戴巾，面相威武，身着盘领窄袖袍，扎腰包肚，左手反执令旗，右手上举执诏书，以示宣诏褒奖柳本尊。

▲ 图33　毗卢洞第1号柳本尊十炼图第八舍臂中之厢吏谢洪像　北宋

像高170厘米

该像位于柳本尊像下方。刻为大半身像，头戴平脚幞头，身着圆领大袖袍，双手捧笏。该像即炼文中所说的本界厢吏谢洪。

► 图34　毗卢洞第1号柳本尊十炼图第九炼阴中之腾公像　北宋

像高147厘米

该像位于柳本尊像右侧，面有须，头戴平脚幞头，身着圆领大袖袍，双手捧笏。该像即炼文中所说的“本界腾奏”之腾公。

重庆大足宝顶山大佛湾第21号柳本尊行化十迹图第九炼阴　南宋

柳本尊头西脚东侧身仰躺于榻上，从阴部冒出火焰一朵，以示烧炼其阴，断其欲。上方有七宝盖罩体，足前立有一菩萨，手执如意，为之作证。铭文："第九炼阴　/本尊教主天福五年前十二月/中旬，马头巷丘绍得病身死/三日，皈依/本尊求救，合家/发愿，若得再生，/剪发齐眉，终身/给侍。本尊具大悲心，以香水洒之，/丘绍立甦。于是丘绍夫妇/二女俱来侍奉，以报恩德，/不离左右。闰十二月十五日，/本尊用腊布裹阴，经一昼夜/烧炼，以示绝欲。感天降七宝/盖，祥云瑞雾，捧拥而来。/本界腾奏，/蜀王叹服。"

◀ 图35　毗卢洞第1号柳本尊十炼图第九炼阴　北宋

像高140厘米

图中柳本尊斜靠于床上，眇右眼，缺左臂，右手置于枕上，屈右腿，其间现一朵火焰，以示炼阴。炼文云："第九炼阴　本尊教主于天福五年前十二月中旬，马头巷丘绍得病身死三日，皈依本尊求救。合家发愿，若得再生，剪发齐眉，终身给侍。本尊具大慈悲心，以香水洒之，丘绍立生。于是丘绍夫妇二女俱来侍奉，以报恩德，不离左右。闰十二月十五日，本尊用腊（蜡）布裹阴，经一昼夜烧炼，以示绝欲。感天降七宝盖，祥云瑞雾，捧拥而来。本界腾奏，蜀王叹服。"

▲ 图36　毗卢洞第1号柳本尊十炼图第九炼阴中之丘绍妻像
北宋

像高*130*厘米

该像位于柳本尊像左侧，面相长圆，头戴花冠，耳佩圆珰，身着交领大袖衫，双手合十，上盖一帕。该像与窟中央毗卢佛左侧一头戴梁冠袖手之男像，即炼文中所说的丘绍夫妇。

► 图37　毗卢洞第1号柳本尊十炼图官吏像
北宋

像高*120*厘米

该像位于第七炼顶图下方，刻为大半身像。面长圆，头戴平脚幞头，身着圆领大袖袍，双手捧笏。

▲ 图38　毗卢洞第1号柳本尊十炼图底部左侧捧断臂女像　北宋

像高160厘米

该像位于第八舍臂图右下方，面带微笑，剪发齐额，身着交领衫，双手捧盘，盘中盛柳本尊之断臂。此即炼文中所说的丘绍二女之一。

▲ 图39　毗卢洞第1号柳本尊十炼图底部右侧捧耳女像　北宋

像高160厘米

该像位于第九炼阴图之右下方，面带微笑，剪发齐额，身着交领衫，双手托盘，盘中盛柳本尊之耳。此即炼文中所说的丘绍二女之一。

► 图40　毗卢洞第1号柳本尊十炼图第十炼膝右侧之见证者　北宋

该像面相清秀，头戴二梁冠，身着交领宽袖袍，袖手而立。

重庆大足宝顶山大佛湾第21号柳本尊行化十迹图第十炼膝　南宋

柳本尊结跏趺坐，眇右眼，缺左耳，缺左臂空袖软搭于膝间，右手执念珠，两膝盖上各有火焰一朵。右侧立有一菩萨为之作证。铭文："第十炼膝　/本尊贤圣，蜀王钦仰日久，/因诏问曰：卿修何道，自号/本尊？卿禀何灵，救于百姓？/对曰：予精修日炼誓求无/漏无为之果，专持大轮五/部秘咒，救度众生。于天福六年/正月十八日，将印香烧炼两膝，/供养诸佛。发愿与一切众生，龙/华三会，同得相见。"

◀ 图41　毗卢洞第1号柳本尊十炼图第十炼膝　北宋

像高170厘米

图中结跏趺坐之柳本尊眇右眼，残左耳，缺左臂，右手结怖畏印，上燃一朵火焰，双膝上各现一朵火焰。炼文云："第十炼膝　本尊贤圣，蜀王钦仰日久，因诏问曰：卿修何道，自号本尊？卿禀何灵，救于百姓？对曰：予精修日炼，誓求无漏无为之果，专持大轮五部秘咒，救度众生。于天福六年正月十八日，将印香烧炼两膝，供养诸佛。发愿与一切众生，龙华三会，同得相见。"

◀ 图42　毗卢洞第1号柳本尊十炼图左侧护法天王像　北宋

像高280厘米

天王面相威武，头戴虎头盔，肩结巾，身着束甲战袍，脚着靴，右手执剑，左手抚右臂。

▲ 图43　毗卢洞第1号柳本尊十炼图右侧护法天王像　北宋

像高280厘米

天王面相宽大威武，头戴凤翅盔，身着束甲战袍，脚着战靴，右手按长柄斧拄地，左手抚右小臂。

◀ 图44 毗卢洞第1号柳本尊十炼图左壁吏目像 北宋

像高260厘米

吏目分腿而立，头戴莲花软巾，身着圆领窄袖袍，扎腰包肚，脚着靴，双手交叠于胸腹间，侧首，面相威武，有络腮卷须。

▲ 图45 毗卢洞第1号柳本尊十炼图右壁吏目像 北宋

像高260厘米

吏目分腿而立，面相威武，身着圆领窄袖袍，扎腰包肚，脚着靴，双手交叠于胸前。

▲ 图46　毗卢洞第2号柳本尊三身像窟　北宋

窟高490厘米、宽430厘米、深330厘米，像通高250～270厘米

窟内正壁中像刻毗卢佛结跏趺坐于台基托仰莲座上，头戴镂空宝冠，胸饰瓔珞，两手屈肘举至肩，手掌已毁。右像刻卢舍那佛结跏趺坐于仰莲座上，螺髻，身着双领下垂大衣，左手施禅定印，右手屈肘，手已毁。左像为柳本尊，卷发，结跏趺坐于仰莲座上。这三身像表示柳本尊修行成佛的过程。窟左壁刻一老年男者和一捧塔少女，右壁刻一老年男者和一捧耳少女。左右壁面各浮雕一男一女。窟门立柱刻一联："惟有吾师金骨在，曾经百炼色长新。"

► 图47　毗卢洞第2号柳本尊三身像窟正壁左侧柳本尊　北宋

像高250厘米

柳本尊结跏趺坐于仰莲座上，卷发，缺左臂，右手当胸，身着双领下垂袈裟，左肩哲那环系搭膊牵衣襟，项后有圆形头光（已模糊）。

华严洞摩崖造像

华严洞摩崖造像位于安岳县城东南56公里赤云乡华严洞村之箱盖山上，
现存2大窟，大小造像159躯，开创于宋代。
1961 年，四川省人民政府公布其为省级文物保护单位。
2006 年，国务院公布其为第六批全国重点文物保护单位。
这里虽有南宋、明、清时的碑刻题记 24 处，
但多为重妆题记，尚无纪年造像题记。
从造像艺术风格看，与毗卢洞大体相同。
以此可以判断华严洞的造像最早为北宋，最晚为明代。

题材内容有：
一是华严三圣（含大乘十地菩萨、善财五十三参），
二是三教会同。
窟龛形制简单，
华严三圣窟（华严洞），时代为北宋，矩形平顶大洞窟，平面呈方形，
三面凿有高坛，窟内尚存两圆拱形浅龛（明代）；
三教合窟（大般若洞），时代为南宋，窟形与华严三圣窟相同，只是规模要小些。
特别是华严三圣窟，造像艺术之精美，
可谓安岳石窟中的极品。

图48　华严洞华严三圣窟　北宋

窟高620厘米、宽1010厘米、深1130厘米，主像通高520厘米

该窟正壁刻华严三圣像，左右壁各刻五菩萨，其上方刻善财五十三参图，正壁右角刻一比丘，左角刻一居士。窟顶正中刻一大大的“唵”（OM，表示佛部心，代表法、报、化三身，也可以说是身金刚、语金刚、意金刚，是诸佛菩萨的智慧身、语、意）字。窟门左右各开一小圆龛，分别刻不空羂索观音和摩利支天像，为明代所刻。

图49　华严洞华严三圣窟正壁华严三圣像　北宋

像通高520厘米

正壁居中刻毗卢遮那佛，右侧刻文殊菩萨，左侧刻普贤菩萨。文殊菩萨之莲座下刻有一站立青狮，普贤菩萨之莲座下刻有一站立白象。三像间存有一题刻："一切惟心造，应观法界性；三世一切佛，若久欲了知。"

图50　华严洞华严三圣窟正壁居中毗卢遮那佛胸像　北宋

该像螺发，头戴宝冠，冠中刻柳本尊成佛像，身着U形大衣，双手当胸结内缚印，结跏趺坐于铺帛仰莲座上，项后有圆形头光。

▲ 图51 华严洞华严三圣窟正壁毗卢佛右侧文殊菩萨像（局部） 北宋

该像头戴宝冠，冠中刻一小坐佛；身着U形领大衣，下着裙，胸饰璎珞；右手屈肘执如意，左手置膝上，掌心向上，舒相坐于铺帛仰莲座上，跣足，右脚踏仰莲；座下刻一只青狮；项后有圆形头光。

▲ 图52 华严洞华严三圣窟正壁毗卢佛左侧普贤菩萨像（局部） 北宋

该像头戴宝冠，冠中刻一小坐佛；身着U形领大衣，下着裙，胸饰璎珞；右手抚膝，左手持物；舒相坐于铺帛仰莲座上，跣足，右脚踏仰莲；座下刻一只白象；项后有圆形头光。

图53　华严洞华严三圣窟左壁造像　北宋

像通高240厘米

左壁高坛凿为供案式，立面浮雕有花卉纹饰，其上刻有菩萨5躯。菩萨像上方浮雕有善财五十三参之5组图像。图中左一为一居士立像，左手抱一书，上刻有“合论”二字。

◄ 图54 华严洞华严三圣窟左壁内角居士像 北宋

像高290厘米

该像面相长圆，束发，身着直领对襟大袖袍，内着交领襦，腹前结带，右手已毁，左手抱一书，上刻有“合论”二字，似应为“华严合论”，项后有圆形头光。

▲ 图55 华严洞华严三圣窟左壁左一金刚藏菩萨像 北宋

像高240厘米

金刚藏菩萨头戴宝冠，冠中刻一小坐佛，身着双领下垂大衣，左肩哲那环系搭膊牵衣襟，胸饰璎珞，右手结莲花印（已残），左手施与愿印，舒相坐，左脚踏仰莲，项后有圆形头光。

▲ 图56　华严洞华严三圣窟左壁左二清净慧菩萨像　北宋

像高240厘米

清净慧菩萨头戴宝冠，冠中刻一小坐佛，身着双领下垂大衣，胸饰璎珞，右手执莲蕾，左手施与愿印（已残），舒相坐，右脚踏仰莲，项后有圆形头光。

► 图57　华严洞华严三圣窟左壁左三辨音菩萨像　北宋

像高240厘米

辨音菩萨面相妩媚秀美，头戴化佛宝冠，身着U形大衣，衣领笼于头顶，袖手，结跏趺坐，项后有圆形头光。

▲ 图58　华严洞华严三圣窟左壁左四普觉菩萨像　北宋

像高240厘米

普觉菩萨头戴化佛宝冠，宝缯垂肩，内着半臂，外着右袒式大衣，双手托塔，塔第一级开一小圆拱形龛，内刻一小立佛。舒相坐，左脚踏仰莲，项后有圆形头光。

► 图59　华严洞华严三圣窟左壁左五贤善首菩萨像　北宋

像高240厘米

贤善首菩萨头戴化佛宝冠，身着双领下垂大衣，双手靠宝座扶手，左手屈中指和无名指，余指伸，指尖化出一朵祥云。舒相坐，右脚踏仰莲，项后有圆形头光。

图60 华严洞华严三圣窟右壁造像 北宋

右壁造像布局与左壁同，只是内容不同，右壁高坛立面每格刻有经变故事，坛上所刻五菩萨像与左壁五菩萨像，合称“大乘菩萨十地”，这十地菩萨又与正壁之文殊、普贤菩萨合称“十二圆觉菩萨”。

◄ 图61　华严洞华严三圣窟右壁内角比丘像　北宋

像高290厘米

比丘像面相丰圆，身着交领袈裟，左肩哲那环系搭膊牵衣襟，右手施莲花祈祷印，左手执一经卷，残存“那略”二字，似应为“禅那略”，项后有圆形头光。

► 图62　华严洞华严三圣窟右壁右一普眼菩萨像　北宋

像高240厘米

普眼菩萨头戴化佛宝冠，身着U形大衣，右肩敷搭偏衫，胸饰璎珞，右手施与愿印，左手执经箧，舒相坐，左脚踏仰莲，项后有圆形头光。

▲ 图63　华严洞华严三圣窟右壁右二弥勒菩萨像　北宋

像高240厘米

弥勒菩萨头戴化佛宝冠，身着双领下垂大衣，左肩八角形哲那环系搭膊牵衣襟，右手置腹前燃指，左手抚膝，舒相坐，右脚踏仰莲，项后有圆形头光。

► 图64　华严洞华严三圣窟右壁右三威德自在菩萨像　北宋

像高240厘米

威德自在菩萨头戴化佛宝冠，身着U形大衣，胸饰璎珞，右手抚膝，左手平置胸前，结跏趺坐，项后有圆形头光，其左右刻云托日月。

◀ 图65　华严洞华严三圣窟右壁右四净业障菩萨像　北宋

像高240厘米

净业障菩萨头戴化佛宝冠，身着双领下垂大衣，胸饰瓔珞；右手当胸，拇指与食指相捻，余指屈；左手捧一杯；舒相坐，左脚踏仰莲，项后有圆形头光。

▲ 图66　华严洞华严三圣窟右壁右五圆觉菩萨像　北宋

像高240厘米

圆觉菩萨头戴化佛宝冠，身着双领下垂大衣，右肩敷搭偏衫，胸饰瓔珞，右手托摩尼珠，左手握宝座扶手头，舒相坐，右脚踏仰莲，项后有圆形头光。

图67　华严洞华严三圣窟左壁上方善财童子五十三参图之一　北宋

壁高180厘米、宽113厘米、深40厘米，佛像高70厘米

图68　华严洞华严三圣窟右壁上方善财童子五十三参图之一　北宋

壁高180厘米、宽113厘米、深40厘米，佛像高70厘米

华严洞华严三圣窟右壁上方善财童子五十三参图局部　北宋

善财童子五十三参，出自《华严经·入法界品》末会，善财童子遍寻法门（意为门径，方法）要义，初于文殊菩萨处闻法，复游行南方，历110城，参五十三位善知识（指德行高有学识的人），终于普贤菩萨处，得到了一切佛刹微尘数三昧门（即“普贤三昧”，普贤菩萨的解脱法门）。

善财童子五十三参依次是：（1）善财初受文殊菩萨教诲，前往胜乐园妙峰山参德云比丘，为说忆念诸佛境界智慧光明普见法门。（2）善财承德云比丘指教，前往海门国参海云比丘，为说诸佛菩萨行光明普眼法门。（3）善财承海云比丘指教，前往楞伽道边海岸聚落参善住比丘，为说普速疾供养诸佛、成就众生无碍解脱法门。（4）善财承善住比丘指教，前往达里鼻荼国自在城参弥伽大士，为说妙音陀罗尼光明法门。（5）善财承弥伽大士指教，渐次游行十二年，至住林城参解脱长者，为说如来无碍庄严解脱法门。（6）善财承解脱长者指教，前往阎浮提畔利伽罗国参海幢比丘，为说般若波罗蜜三昧光明法门。（7）善财承海幢比丘指教，前往海潮处普庄严国参休舍优婆夷，为说离忧安隐解脱法门。（8）善财承休舍优婆夷指教，前往那罗泰国参毗目瞿沙仙人，为说菩萨无胜幢解脱法门。（9）善财承毗目瞿沙仙人指教，前往伊沙那聚落参胜热婆罗门，为说菩萨无尽轮解脱法门。（10）善财承胜热婆罗门指教，前往师子奋迅城参慈行童女，为说般若波罗蜜普庄严法门。（11）善财承慈行童女指教，前往三眼国参善见比丘，为说菩萨随顺灯解脱法门。（12）善财承善见比丘指教，前往名闻国河渚中参自在主童子，为说一切工巧大神通智光明法门。（13）善财承自在主童子指教，前往海住大城参具足优婆夷，为说菩萨无尽福德藏解脱法门。（14）善财承具足优婆夷指教，前往大兴城参明智居士，为说随意出生福德藏解脱法门。（15）善财承明智居士指教，前往师子大城参法宝髻长老，为说菩萨无量福德宝藏解脱法门。（16）善财承法宝髻长老指教，前往藤根国普门城参普眼长者，为说一切人生普见诸佛欢喜法门。（17）善财承普眼长者指教，前往多罗幢城参无厌足王，为说菩萨如幻解脱法门。（18）善财承无厌足王指教，前往妙光城参大光王，为说菩萨大悲为首随顺世间三昧法门。（19）善财承大光王指教，前往安住国参不动优婆夷，为说一切法无厌足三昧光明法门。（20）善财承不动优婆夷指教，前往都萨罗城参遍行外道，为说至一切处菩萨行法门。（21）善财承遍行外道指教，前往广大国参鬻香长者，名优钵罗华，为说调和一切香法门。（22）善财承鬻香长者指教，前往楼阁大城参婆施罗船师，为说大悲幢行法门。（23）善财承婆施罗船师指教，前往可乐城参无上胜长者，为说一切处修菩萨行清净法门。（24）善财承无上胜长者指教，前往输那国迦陵迦林城参师子频申比丘尼，为说成就一切智解脱法门。（25）善财承师子频申比丘尼指教，前往险难国宝庄严城参婆须蜜多女，为说菩萨离贪际解脱法门。（26）善财承婆须蜜多女指教，前往善度城参鞞瑟胝罗居士，为说菩萨所得不般涅槃际解脱法门。（27）善财承鞞瑟胝罗居士指教，前往补怛洛迦山参观自在菩萨，为说大悲行法门。（28）善财承观自在菩萨指教，前往东方参正趣菩萨，为说菩萨普疾行解脱法门。（29）善财承正趣菩萨指教，前往堕罗钵底城参大天神，为说菩萨云网解脱法门。（30）善财承参大天神指教，前往摩羯提国菩提场中参安住地神，为说不可坏智慧藏法门。（31）善财承安住地神指教，前往摩羯提国迦毗罗城参婆珊婆演底主夜神，为说菩萨破一切众生暗法光明解脱法门。（32）善财承婆珊婆演底主夜神指教，前往摩竭提国菩提场内参普德净光主夜神，为说菩萨寂静禅定乐普游步解脱法门。（33）善财承普德净光主夜神指教，前往菩提场右边参喜目观察众生主夜神，为说大势力普喜幢解脱法门。（34）善财承喜目观察众生主夜神指教，前往会中参普救众生妙德夜神，为说普现一切世间调伏众生解脱法门。（35）善财承普救众生妙德夜神指教，前往参寂静音海主夜神，为说念念出生广大喜庄严解脱法门。（36）善财承寂静音海主夜神指教，前往菩提场如来会中参守护一切众生主夜神，为说甚深自在妙音解脱法门。（37）善财承守护一切众生主夜神指教，于此佛会中参开敷一切树花主夜神，为说出生广大光明解脱法门。（38）善财承开敷一切树花主夜神指教，于此会中参大愿精进力救护众生夜神，为说教化众生令生善根解脱法门。（39）善财承大愿精进力救护众生夜神指教，前往岚毗尼园参妙德圆满神，为说菩萨于无量劫遍一切处示现受生自在解脱法门。（40）善财承妙德圆满神指教，前往迦毗罗城参释迦瞿波女，为说观察菩萨三昧海解脱法门。（41）善财承释迦瞿波女指教，前往参摩耶夫人，为说菩萨大愿智幻解脱法门。（42）善财承摩耶夫人指教，前往天宫参王女天主光，为说无碍念清净庄严解脱法门。（43）善财承王女天主光指教，从天宫下至迦毗罗城参遍友童子师，别无指示，可去问善知众艺童子。（44）善财承遍友童子师指教，于会中参善知众艺童子，为说四十二字母法门。（45）善财承善知众艺童子指教，前往摩竭提国婆怛那城参贤胜优婆夷，为说无依处道场解脱法门。（46）善财承贤胜优婆夷指教，前往沃田城参坚固解脱长者，为说无著念清净庄严解脱法门。（47）善财承坚固解脱长者指教，前往本城参妙月长者，为说净智光明解脱法门。（48）善财承妙月长者指教，前往出生城参无胜军长者，为说菩萨无尽相解脱法门。（49）善财承无胜军长者指教，前往城南法聚落参最寂静婆罗门，为说菩萨诚愿语解脱法门。（50）善财承最寂静婆罗门指教，前往妙意华门城参德生童子及有德童女二人，为说菩萨幻住解脱法门。（51）善财承德生童子及有德童女二人指教，前往海岸国大庄严园毗卢遮那庄严藏欲见弥勒菩萨，时弥勒菩萨从别处来，为说种种法要。（52）善财承弥勒菩萨指教，前往普门国苏摩那城，希欲奉觐文殊菩萨。是时文殊菩萨遥伸右手，过一百一十由旬，按善财顶，为说妙法，令得成就阿僧祇法门，具足无量大光明，乃至今入普贤行道场，及置善财自所住处。（53）善财于文殊菩萨处得三昧后，一心求见普贤菩萨，起大精进，心无退转。即见普贤菩萨在如来前众会之中，善财见已，踊跃无量，普贤菩萨即伸右手摩其顶，为说诸法。善财即得一切佛刹微尘数三昧门，终于完全证得普贤菩萨的广大行愿，得到一切不可思议的解脱自在。

在巴蜀石窟中，有关善财童子五十三参题材的造像见于安岳华严洞华严三圣窟左右壁上方，从善财童子初参文殊菩萨到最后参普贤菩萨，只选取了其中具有代表性的十参。此外，在大足北山北塔（多宝塔）中有数龛表现善财童子五十三参故事的石雕造像，但也不完整。

图69　大般若洞三教合一窟　南宋

窟高420厘米，宽420厘米，深480厘米，佛像高230厘米

大般若洞位于华严洞左侧15米处，开凿于南宋嘉熙四年（1240）。窟内正中刻释迦佛结跏趺坐于莲座上，双手结禅定印。像后正壁中层左右分别为老子、孔子坐像，上层左右分别为药师佛、阿弥陀佛、十大弟子，下层左右分别为佛、观音像。释迦佛座右为韦陀，左为弟子阿难。左右壁中层为三十三诸天，下层为十八罗汉。下壁顶部左右角为文殊、普贤结跏趺坐于祥云上。窟顶刻一“人丫”字，当地有俗语云：“两个人字尖对尖，认得到的是神仙。”

图70　大般若洞三教合一窟左壁上方造像　南宋

左壁上方内角刻文殊菩萨半跏趺坐于仰莲台上，双手结禅定印。其左侧上下层刻三十三诸天之十七诸天。

图71　大般若洞三教合一窟右壁上方造像　南宋

右壁上方内角刻普贤菩萨半跏趺坐于仰莲台上，双手结禅定印。左侧上下层刻三十三诸天之十六诸天。

卧佛院摩崖造像

卧佛院摩崖造像位于安岳县城北 40 公里卧佛镇卧佛村，现存窟龛 139 个，大小造像 1613 躯，开创于唐代。

1985 年，国务院公布其为第三批全国重点文物保护单位。

该处现存最早的造像题记为唐开元十一年（723），
最晚的造像题记为五代十国后蜀广政二十四年（961）。
此外，尚存宋代重妆或游人题记以及极少数宋代补刻的造像。

造像的题材内容主要有释迦说法图、涅槃变、三身佛、弥勒佛、凉州瑞像、千佛、千手观音、经幢等。

窟龛形制比较单纯，几乎全是方形（或矩形）平顶，有的平面略呈马蹄形。
卧佛院除摩崖造像外，尚存唐代摩崖石刻 15 窟，共刻有佛经 18 种（含《大唐东京大敬爱寺一切经论目序》），约有 27 万字。所刻内容除密宗和禅宗的一些经典外，多为《大般涅槃经》。这对于研究佛经的版本具有很高的价值。

卧佛院摩崖造像，
除涅槃变和其他一些窟龛保存基本完好外，
不少造像已被自然侵蚀或人为破坏。

图72　卧佛院第3号涅槃变　唐

窟高1000厘米、宽3100厘米、深200米，卧佛身长2300厘米

该窟由释迦佛临终说法和释迦涅槃两部分组成，题材出自《大般涅槃经》。卧佛头东脚西，面南背北，累足左胁而卧。这有悖于右胁卧的仪轨，实为山势走向使然。此涅槃变造像堪称中国唐代石雕同类题材之巨制。

图73　卧佛院第3号涅槃变卧佛（局部）　唐

头长310厘米，身宽300厘米

卧佛螺发肉髻，面相丰圆，高鼻深目，眉间白毫突出，双目微启，双耳佩圆珰，身着双领下垂大衣，内着僧祇支，神态安详。

印度拘尸那迦涅槃像 5世纪 刘长久摄

印度拘尸那迦涅槃像局部 5世纪 刘长久摄

印度阿旃陀石窟第26号涅槃大佛　5—6世纪　刘长久摄

"涅槃"（Nirvana），意译为"圆寂""入灭"，这是佛教修行所要达到的最高境界，也就是超脱生死轮回，达到不生不死的绝对永生境界。"涅槃变"题材出自于《大般涅槃经》，而造像起源于印度。在印度无佛像时代，舍利塔（窣堵坡）、桑奇大塔第1塔北门柱上的《窣堵坡供养图》等，都是以佛舍利塔象征"涅槃"的。至印度佛像时代，犍陀罗佛教浮雕"涅槃图"就达70例之多。在此影响下，笈多时代的马图拉和萨尔纳特的"涅槃图"趋于简化，多在四相图、五相图、八相图中放置顶端的卧佛像，体量最大的卧佛像是阿陀石窟中第26窟大涅槃像（像长730厘米），刻有举哀的僧俗（在家的女信仰者）约16个人物，还刻有须跋陀罗背身的禅定像。（注：参见［日本］宫治昭著《涅槃和弥勒的图像学》，文物出版社2009年8月第1版，第156~160页。）

涅槃图像约4世纪入中国，早期的如云冈石窟第11窟西壁涅槃图（北魏），第36、38窟涅槃图，除卧佛外，刻有弟子举哀，第38窟转角处刻一比丘结跏趺坐于方形上做禅定状，似应为须跋陀罗。甘肃炳灵寺第132窟有北魏所刻涅槃像，敦煌莫高窟泥塑中有初唐时的第332窟涅槃佛、第46窟盛唐时塑的涅槃佛、第158窟中唐时塑的涅槃佛等，壁面绘有举哀弟子和天龙八部、菩萨等。

在巴蜀地区，四川广元千佛崖第495、746号唐代刻的睡佛窟也是"涅槃经变"，乐至回澜镇睏佛寺有唐代所刻涅槃经变，重庆大足宝顶山大佛湾第11号有南宋所刻释迦涅槃图等。

安岳卧佛院第3号涅槃变无论从体量还是从雕刻艺术都是唐代同类题材造像之最。

大涅槃图　印度萨尔纳特　8—9世纪　刘长久摄

四川乐至睏佛寺涅槃变龛　唐

1 | 2

1.四川广元千佛崖第495号涅槃变龛　唐

2.重庆大足宝顶山大佛湾第11号释迦佛涅槃图　南宋

图74　卧佛院第3号涅槃变卧佛上方释迦临终说法与弟子举哀　唐

安岳卧佛院第3号窟是唐代规模最大的涅槃变造像，依山凿就，卧佛全身长23米，头东脚西，左胁而卧。这种卧姿有悖于佛经所谓“北首右胁卧，枕手累双足”。

左胁卧的涅槃像在凉山不意瓦衣石刻画南区第4号上层正中亦有一例（时代为大理国，相当于宋代）。

卧佛院第3号窟的内容，由“释迦临终说法”和“释迦涅槃”两部分组成。

前者位于后者上方，共造像21躯，正中为释迦佛结跏趺坐说法，左右两侧为二菩萨、九弟子、天龙八部，卧佛腹前刻有释迦佛的关门弟子须跋陀罗。

卧佛头足处分别刻有金刚力士。这两部分所表现的内容是：释迦佛在拘尸那迦城郊娑罗双树下，快入涅槃时，最后一次为诸弟子等说法，同时开示了外道须跋陀罗，并收为关门弟子。

释迦佛临终遗嘱：希望众弟子要牢记四圣谛、十二因缘的真理，弘扬自利利他、济世救人的正法。月到中天，释迦佛安详地进入了涅槃。

密迹金刚力士见佛入灭，悲痛欲绝。这些内容均出自于《大般涅槃经》。

图75　卧佛院第3号涅槃变卧佛上方释迦临终说法像　唐

占壁高240厘米、宽1500厘米、深200厘米，佛像高230厘米

释迦佛结跏趺坐，左手抚膝，右手施说法印，临终前为弟子们说法。其左右分前后两排刻有弟子和天龙八部（一天众、二龙众、三夜叉、四乾闼婆、五阿修罗、六迦楼罗、七紧那罗、八摩睺罗迦）护法神像。

图76　卧佛院第3号涅槃变卧佛上方左侧菩萨弟子、天龙八部像（局部）　唐

像通高210～230厘米

图77　卧佛院第3号涅槃变卧佛上方左侧弟子、天龙八部像（局部）　唐

像通高210～230厘米

图78 卧佛院第3号涅槃变右上方弟子、天龙八部像（局部） 唐

图79　卧佛院第3号涅槃变右上方菩萨、弟子、天龙八部像（局部）　唐

▲ 图80　卧佛院第3号涅槃变守护释迦涅槃的最后弟子须跋陀罗　唐

须跋陀罗原为古印度婆罗门的一位学者，120岁时改信佛教。当他打听到释迦牟尼佛将在娑罗双树下涅槃时，旋即赶往拜谒，释迦佛料知他会来，便叫弟子阿难将他引到床前，为之讲授八圣道佛法真义，收须跋陀罗为关门弟子。

► 图81 卧佛院第3号涅槃变卧佛足旁力士像　唐

像高300厘米

密迹金刚力士见佛灭度悲痛欲绝，据《佛入涅槃密迹金刚力士哀恋经》说，力士爱恋释迦的足如优钵罗花，于是在佛涅槃之时抱住佛的脚不放。

3

▲ 图82　卧佛院第72号弥勒说法图　初唐

像坐高240厘米

该龛刻弥勒佛螺发肉髻，面相风化破损，身着圆领通肩大衣，善跏趺坐于金刚座上，双手当胸结转法轮印。项后有圆形头光和芒纹背光。

► 图83　卧佛院第30号释迦佛龛　唐

龛高340厘米、宽140厘米、深52厘米，坐像通高280厘米

释迦佛面部和手部分残损，螺发高肉髻，身着圆领通肩大衣，双手似结转法轮印，项后有桃形头光，内有执长茎莲苞五像浮雕。

30

67

敦煌莫高窟第203窟凉州瑞像　初唐

“凉州瑞像”又称“番禾瑞像”，与北魏高僧刘萨诃在凉州发现的御容山瑞像相关，据说此像能预测社会兴衰、民生祸福，且十分灵验，成为河西地区的一种信仰，并影响山西、甘肃、宁夏和四川等地。

凉州瑞像造像模式是佛陀着右袒式大衣，左手拈衣襟，右手下垂施与愿印（接引印）。在敦煌莫高窟中初唐到五代均绘有凉州瑞像，如莫高窟第332窟中心柱北向西“凉州瑞像图”、莫高窟第203窟凉州瑞像、第231窟西壁龛内东披“瑞像图”（中唐）、莫高窟第72窟“修塑佛像”（五代）等，还有1907年被英人斯坦因盗走的巨幅刺绣《凉州瑞像》（初被定名为《灵鹫山佛说法图》，编号为MAS，0.1129，该幅刺绣创作于7世纪，现藏大英博物馆）。

◀ 图84　卧佛院第64号凉州瑞像龛　初唐

龛高385厘米、宽130厘米、深40厘米，像高360厘米

佛跣足立于覆莲台上，面相方圆，螺发高肉髻，右手下垂施接引印，左手拈衣，项后有桃形头光。据《续高僧传·释慧达传》所述，此种佛像可称为“凉州瑞像”。

◄ 图85　卧佛院第43、44、45号龛　唐

碑高110厘米，宽66厘米，厚36厘米

第44号碑首有交尾双龙浮雕，其正中开一小浅龛，内刻一小坐佛，像高7厘米。碑面下部正中刻一侧身站立妇女，像高38厘米，碑面无一字。

► 图86　卧佛院第45号十一面千手观音龛　唐

龛高180厘米、宽130厘米、深20厘米，像高135厘米

千手观音跣足立于仰莲台上，十一面（已毁）六臂，正中双手合十；右上手举法铃，左上手举宝轮；右下手施降魔印，下有一恶鬼呈惊恐状，左下手施与愿印，掌中的钱下落至穷叟袋中。观音像后壁有线刻千手。

53
54

三世佛，在佛教石窟造像中有竖三世佛，即按时间划分为过去燃灯古佛、现在释迦牟尼佛、未来弥勒佛；又有横三世佛，即按空间划分为东方琉璃光世界药师佛、现世娑婆世界释迦牟尼佛、西方极乐世界阿弥陀佛。这种信仰的造像从北魏至清代均有，在寺庙的大雄宝殿中也是处于主尊地位。

图87　卧佛院第54号三世佛龛　唐

龛高88厘米，宽113厘米，深20厘米

三世佛头、手已残毁，均结跏趺坐于铺帛坛上，正中释迦佛着通肩大衣，双手当胸似结转法轮印。龛门柱刻忍冬纹。龛下方格内刻飞马、麒麟等神兽。

▲ 图88　卧佛院第58号罗汉像　唐

▼ 图89　卧佛院第57号罗汉像　唐

▼ 图90　卧佛院第56号罗汉像　唐

高20厘米，宽230厘米，深6厘米

罗汉，全名为“阿罗汉”，意译为“杀贼”（去除烦恼之贼）、“无生”（解脱生死）、“应供”（应受天上人间的供养）、“应真”（得真道的人）等。在佛教石窟造像中，宋以前多表现“十六罗汉”，宋以降则多表现“十八罗汉”。而造“五百罗汉”则多在寺庙中出现。

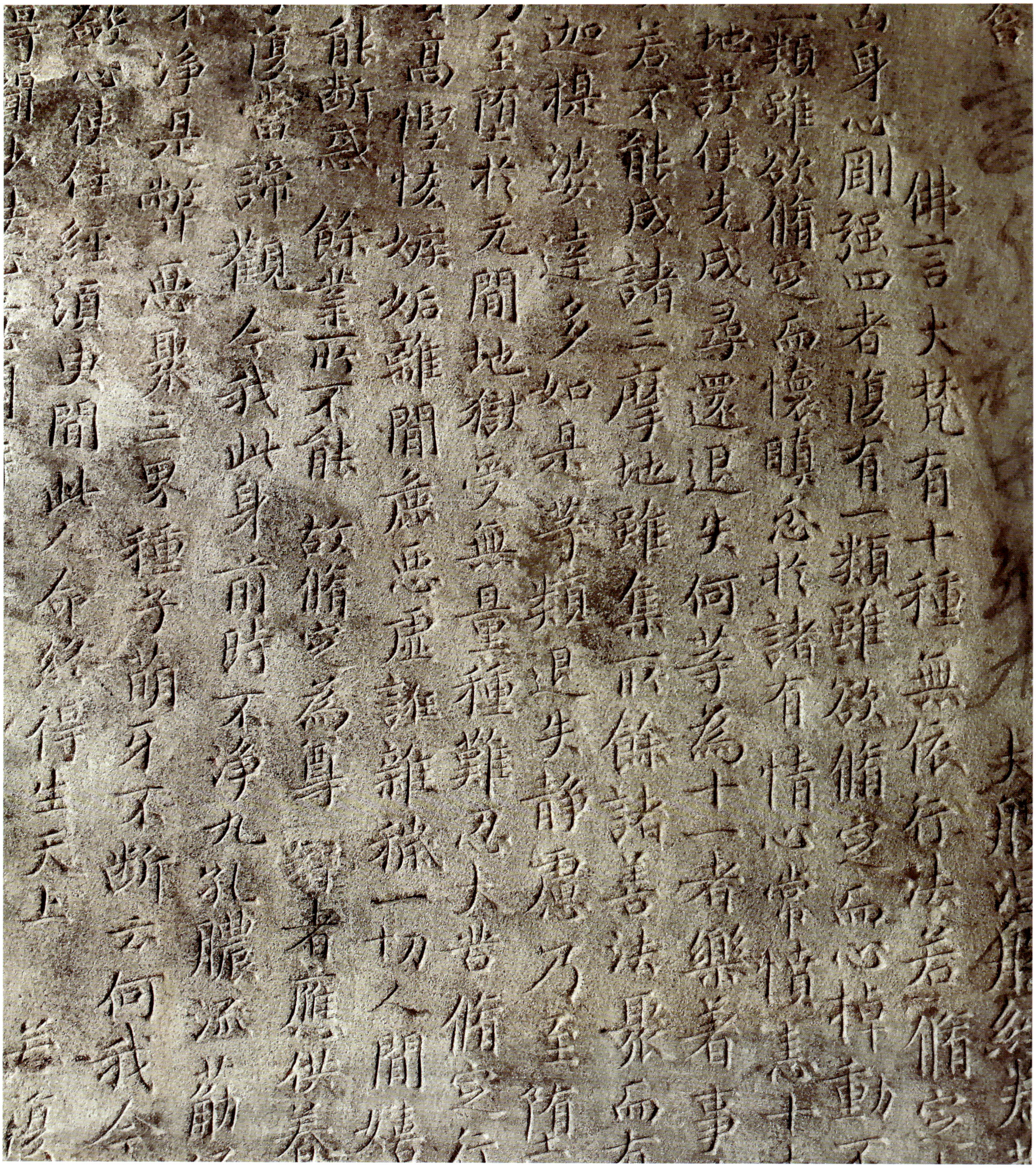

图91　卧佛院第59号石刻经文窟《大般涅槃经》（局部）　唐

高260厘米，宽220厘米，深250厘米

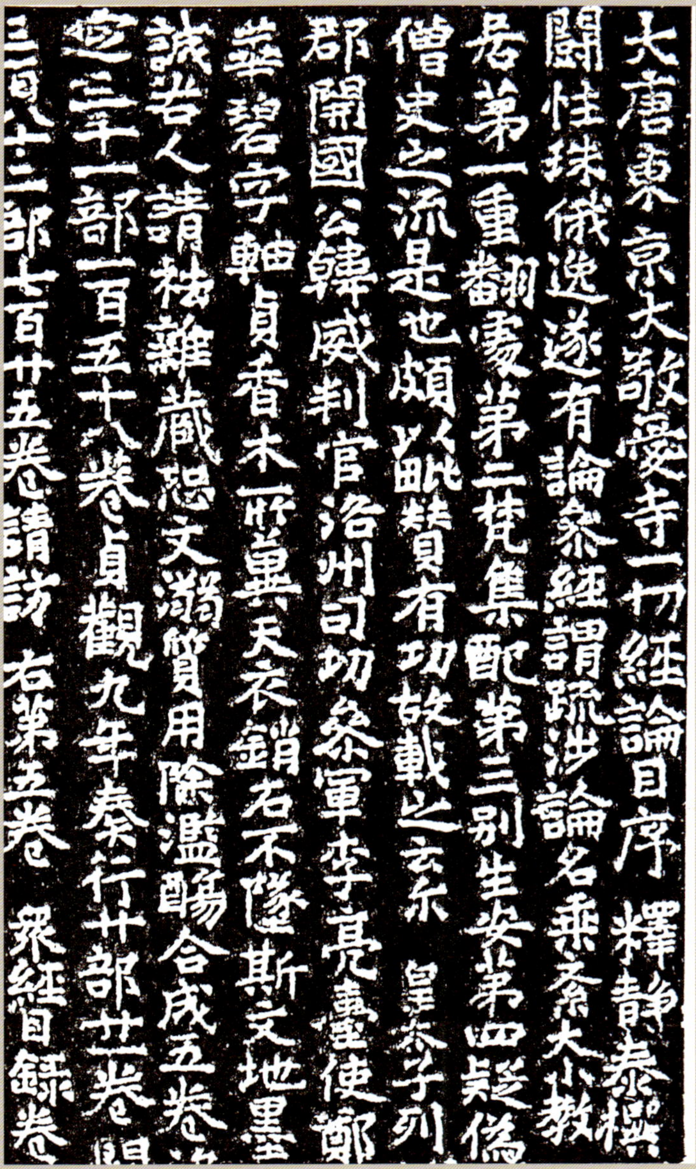

卧佛院第46号石刻经文窟《大般涅槃经》（拓片局部） 唐

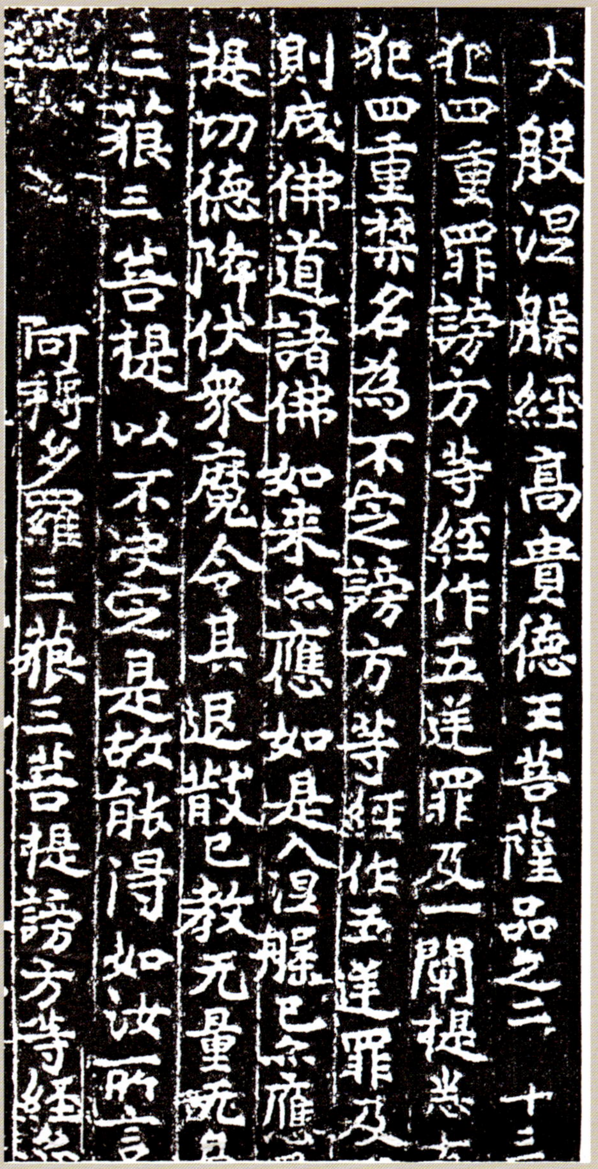

卧佛院第46号石刻经文窟《大唐东京大敬爱寺一切经论目序》（拓片局部） 唐

安岳石刻经文窟计有15个窟，所刻经目18种，约有27万字。所刻经目为：《妙法莲华经》《大般涅槃经》《维摩经所说经》《大方便佛报恩经》《佛说佛名经》《佛说灌顶经》《众经目录》《合部金光明经》《佛说灌顶经》《大乘大集地藏十轮经》《金刚般若波罗蜜经》《般若波罗蜜多心经》《佛说禅法略出》《佛说修多罗般若波罗蜜经》《佛说报父母恩重经》《佛顶尊胜陀罗尼经》《佛说阿弥陀经》《佛性海藏智慧解脱破心相经》。其中，仅《妙法莲华经》和《维摩经所说经》两部是完整的，余皆未刻完整。另有三部伪经：《佛说报父母恩重经》《佛说修多罗般若波罗蜜经》《佛性海藏智慧解脱破心相经》。

卧佛院第59号石刻经文窟，左壁刻《大般涅槃经》卷二部分，中壁刻《大般涅槃经》卷一部分（接左壁）卷三部分，右壁刻《大般涅槃经》卷三部分（接中壁）、卷四。（注：参见邓星亮《四川安岳卧佛院石窟刻经研究》，巴蜀书社2016年1月，第1版，第82、87页。）

这些石刻经文不仅对佛经版本研究有极高的价值，而且对研究书法艺术也有相当高的价值。

▲ 图92　卧佛院第59号石刻经文窟经文上端飞天　唐

▼ 图93　卧佛院第59号石刻经文窟经文上端飞天　唐

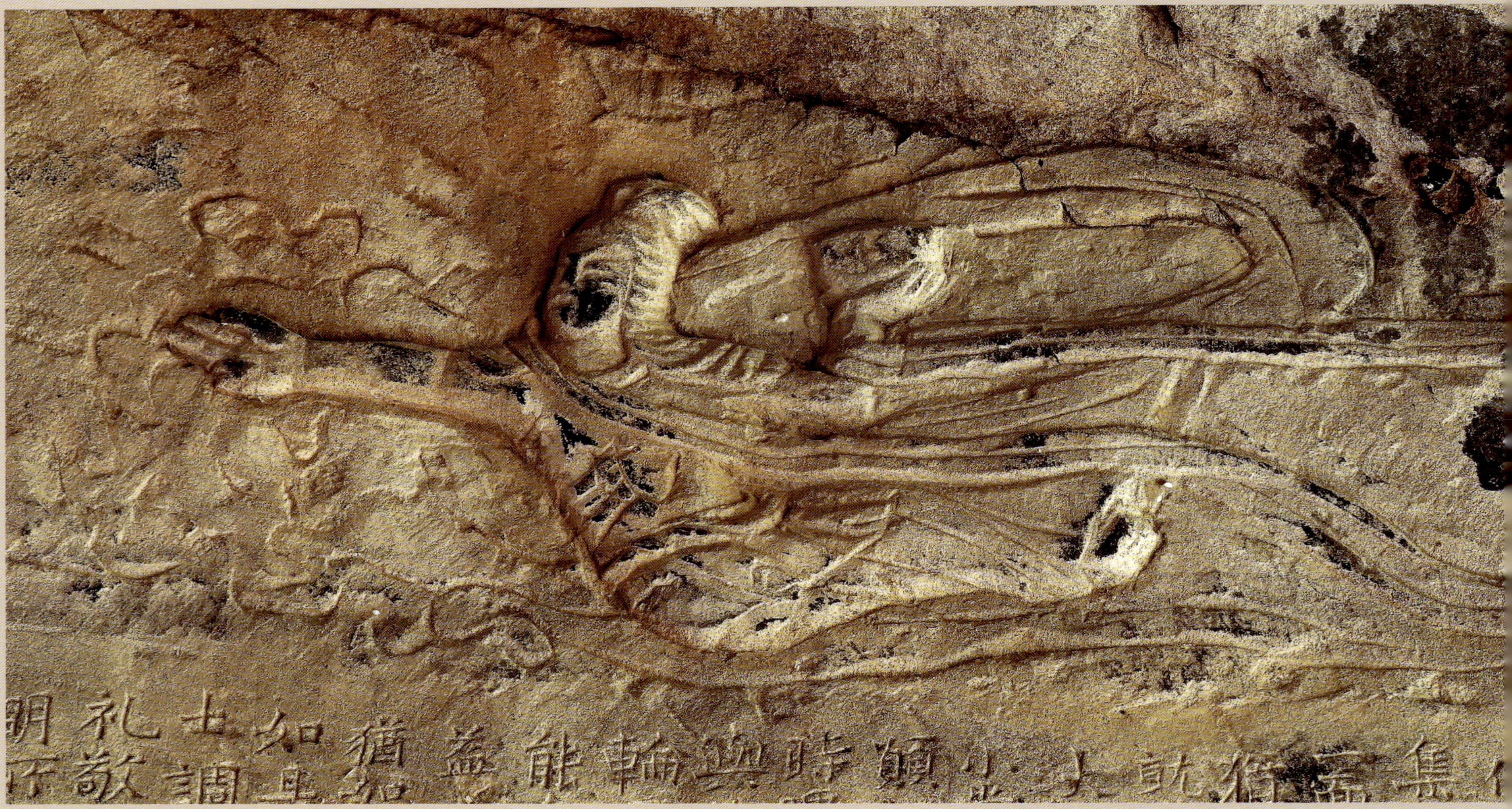

▲ 图94　卧佛院第59号石刻经文窟经文上端飞天　唐

▼ 图95　卧佛院第59号石刻经文窟经文上端飞天　唐

▲ 图96　卧佛院第68号释迦佛说法龛　唐

龛高185厘米，宽170厘米，深140厘米

该龛正壁上下均饰有卷草纹。释迦佛结跏趺坐于束腰莲台上，项后有五曜芒纹桃形头光，左右各浮雕有一棵菩提树。佛像左右侧分别刻有二弟子二菩萨，龛口左右刻二力士，惜一佛二弟子二菩萨二力士的头、手均已残毁。

► 图97　卧佛院第52号浮雕经幢　五代后蜀广政二十四年（961）

高150厘米，宽50厘米，深300厘米

经幢，初为丝制的幢幡，后改为石柱，一般为六角形、八角形或圆柱，其上多刻《陀罗尼经》或佛像、咒文、经文等。唐代始兴，五代两宋盛行。

该经幢刻工精细，从下至上，刻有四金刚力士托幢、二麒麟、二龙吐水、倚坐四天王、小佛像、莲纹、云纹、风铃、四佛、宝顶等。幢上方存有题记："敬造尊胜幢壹座/时广政二十四年岁次辛酉八月壬辰朔十五日丙午镌毕/前摄龙州兼普州军事御推五音地理王彦昭造。"

玄妙观摩崖造像

玄妙观摩崖造像位于安岳县城西北 20 公里鸳大镇黄桷乡玄妙村之集圣山腰，现存窟龛 79 个，大小造像 1293 躯，开创于唐代。

1994 年，四川省人民政府公布其为省级文物保护单位。

2006 年，国务院公布其为第六批全国重点文物保护单位。

该处尚存唐开元、天宝年间的碑刻 4 块。从第 24 号所存唐天宝七载（748）镌刻之《启大唐御立集圣山玄妙观胜境碑》文中，可知玄妙观最初之造像，是由法师李玄则于开元十八年（730）营造的。

造像题材内容，除少数佛道合龛外，均为道教造像，主要有三清、天尊、老君、真人、护法神将等。

该处不仅是安岳县道教造像数量最多、时代最早的石窟点，而且也是巴蜀道教造像数量最多、时代较早的石窟点。

可惜大多数造像在“文化大革命”中遭到严重毁坏。

近年，有部分龛像又被村民以油漆涂绘，丧失原貌。因此，现存龛像较完整的极少。

24

玄妙观第24号《启大唐御立集圣山玄妙观胜境碑》释文

启大唐御立集圣山玄妙观胜境碑/诸恶莫作　从（众）善奉行日月行方便时时发善心/白羊峰圣容正教龛铭　安岳郡前调安居县博士张庭训字才霜敬述并书　镌字人李智员/闻乾坤并化，先有真尊。大道法王，动灵仙寂。感期广运，正教敷霈。巍巍乎，莫能之悟也。道是盘古，本□□□主/虚空降升。太极立神，顾护十方。荡荡乎，其威之远也。游遍　诸丘，华气冥蒙混乎，号诸生之师，众圣之王。□□/化无穷。张、李、罗、王，名天之尊也。经历天地，终始不可称载。无　上道而轮化，生　天地而生佛。沛炁化生三千，□□□/法门并举，不可思仪。神明之雄，三光朗照。　大道于万物，资萌八方。诸谱弘慈，然　老子者，初为盘古，后化以□□□/长老之期，号其名也。于无数劫，其寂寂冥冥眇邈久矣。即太极左仙公，葛玄曰：老子以上皇元年正月十二丙子□□□□/师也，西游天下。尹喜曰：大道将隐乎？愿著五千文上下经焉。道德之源　旨，声参太极。诸天有清泰国王，日礼拜无上道。□□/文皇帝时，结草为庵于河之滨。常诵道典。孝帝观问，便白日腾空也。然上天即以汉明帝时，永淳元年十一月十九日癸丑之辰，/长虹十二道，南北通过，地则六种振动，山林摧折。明帝乃问臣苏猷，礼报上方，有圣人欲观，故有此瑞人。元始化，生三教圣人，而生/正一法王。从此以来，古今相续。大唐开元天宝圣文神武皇帝，该由是道气而精诚崇一真，得　天符数。应□□□/声　至道合真迁宁，永固国康。万姓　制教，安能赞褒。令淑存臻涸静，仰命抚瞻，频以皇帝恩命，其记也。今□□□/玄元，等等。弟子左识相，以望钟鼎，阀阅华英，通达高玄。炼心遵正，往缘之后，日夜修道。被强军征行，讨略三军。□□□/戟团幕，百命殂亡。血边丘流，枪刀寄痛。于是魂侵□厚地魄幕，随地没落。蛮戎征讨，无烦恼忧虑。自奔走今□□□□/道恩　神功远修去。开元六年，国父左弘晚见枯去若□云：道是三教祖也，朝纲国公李玄清奏闻陛下，旨□□□□。/识相后从军还，再豢侍养奉　父母惠慈育之功。至开元十八年七月一日，父□□化后，相　天龛，次　王公龛，□十□□□□/救苦天尊乘九龙，为慈母古五娘造东西真像廿躯，小龛卅二龛，刊躯天真□上下飞天、神王□□□□□□□□/宫重阁。正所为尊主了愿。识相父子，当缘法师李玄则，行来往此营造。乃真其正，直峙宝珠，九龙护珠，诸星守国，天生一宝，号该地集圣名山。/郁藏烟磐崖，金容吐相光。于水镜旋流，涧沼胜影。澄波池岸，莚芒莲吞。□□□神龙，□□□□□□□□□□□□□□/青牛往来。或众圣潜灵，或紫云缠盖。大凡难测，皆慈妙焉。恍恍乎，永劫无败。□□□□□□□□承□□□□□□□/生。回仰至诚，普令救护。为　皇帝、皇后、东宫太子、公卿文臣及郡县官、□师、父母，/朗朗水幽开，　太极长生宫。名人并仙飞，法门渡众生。亿劫自相遁，七祖离苦根。长河升紫微，/□□仙往来。其一：山含紫气，水吐霞精。崒岷华顶，　真玉如玉京。其二：黄龙初冥，白马高临。/□来应歇，天人争过。其四：星空月殿，妙系真才。咸融□之，鬼卒灵开。其五：看如灵□□□□□□□□□□□□□□□□□□□□□/乘之有功。其七：冥冥穷穷，荫辅朝中。□□流东，满月转西。图焰虚空，凭立图写。/维大唐天宝七载丙子八月乙亥朔二月庚子功毕。

注：原碑文无“其三”之文字。

◀图98　玄妙观第24号《启大唐御立集圣山玄妙观胜境碑》　唐天宝七载（748）

▲ 图99　玄妙观第2号张、李、罗、王四天尊龛　唐

龛高200厘米，宽250厘米，深60厘米

龛内正壁刻四天尊主像，按画面从左至右：似经印（手残，印式不辨）、执扇、持拂尘、执玉璋。左右壁各刻一侍者一女真。龛口外左右各刻有二护法神将。据玄妙观第24号唐天宝七载《启大唐御立集圣山玄妙观胜境碑》载，该龛应为“张、李、罗、王四天尊”。

► 图100　玄妙观第2号张、李、罗、王四天尊龛左侧二护法神像　唐

二护法神将束发，宝缯上举，身着两裆甲，均脚踏一地鬼（已残损）。左像双手拄剑而立，右像左手戟鞘，右手叉腰而立。

▲ 图101　玄妙观第1号老君龛　唐开元十八年（730）

龛高360厘米，宽343厘米，深100厘米

龛内正壁居中刻老君像，头戴莲花冠，颏下有须，右手执宝扇置于三角夹轼（已毁）上，盘坐于仰莲台上。其左右侧各刻一侍者捧笏立于莲台上。正壁左右端各刻一女真立于莲台上。龛内三壁合刻“十二时神”。老君座下方刻有盘坐小道像。

► 图102　玄妙观第1号老君龛龛门右侧造像　唐

现右侧龛口仅存一护法神将，双手已残损，左手叉腰，右手似持兵器，立于台上。右侧龛内上方为十二时神之六神，下方为真人，其左为侍者。

▲图103　玄妙观第1号老君龛龛门左侧真人像　唐

龛门左侧刻一真人，头戴莲花束发冠，面有须，身着交领大衫，外罩束臂衫，脚着履，双手执玉璋，再左侧刻一真人，面无须，装束与真人同，双手当胸似执玉璋（已残）。

►图104　玄妙观救苦天尊乘九龙龛（现未编号）　唐

龛高180厘米、宽150厘米、深30厘米，三像通高150厘米

该龛左右壁已崩圮，正壁中间刻天尊立于莲台上，台下浮雕九龙，天尊右侧刻一护法神脚踏一地鬼，左侧刻一力士。三像头、手残毁。据唐天宝七载《启大唐御立集圣山玄妙观胜境碑》碑文载，此龛应为“救苦天尊乘九龙”。

注：该龛原编号为第62号，后因修保护建筑被遮蔽，故未编号。

图105　玄妙观第6号佛道合龛　唐

龛高100厘米，宽110厘米，深100厘米

双叠式龛，内龛楣有卷带纹浮雕，其间共刻有十小坐佛。龛内正中，右刻毗卢佛，左刻天尊，均结跏趺坐于仰莲台上，身后有双重背光，佛背光上刻“六拏具”。右壁刻一弟子一菩萨，左壁刻一侍者一真人，二壁上方刻天龙八部，龛口左右各刻一力士。龛下沿立面正中刻一地鬼顶香炉，左右两边刻金童玉女、狮、供养人，已残损。

千佛寨摩崖造像

千佛寨摩崖造像位于安岳县城西北 2.5 公里岳阳镇贾岛村之大云山上，现存窟龛 105 个，大小造像 3061 躯，开创于唐代。

1956 年，四川省人民政府公布其为省级文物保护单位。2006 年，国务院公布其为第六批全国重点文物保护单位。

从现存千佛寨的 3 块唐碑和 26 则题记看，纪年最早为唐开元十年（722），最晚为 1933 年。虽历时 1200 余载，但现存仍以唐、宋造像为多。

造像的题材内容主要为释迦说法图、弥勒佛、药师经变、西方三圣、千手观音、明王等。

窟龛形制多为方形（或矩形）平顶窟（或龛）、方形（或矩形）穹顶窟、方形（或矩形）双重龛；平面以方形为多，少数为马蹄形。

从现状看，千佛寨的造像风化剥蚀较为严重，有的窟龛已崩圮，有的窟龛造像则被后代改刻，失去原貌。

如第 24 号西方三圣窟，内存有唐天宝四年（745）造像题记，也存有南宋绍熙三年（1192）造像题记，从前一则题记知道所造的像是药师佛，后一则题记所说的“重修长寿王如来”，则指西方三圣之主尊阿弥陀佛。

可见，该号初为唐天宝四年（745）所开之药师佛龛（现已不存），盛唐时又相继开有几龛佛、菩萨像（现残存于第 24 号窟内右侧壁）；宋人改凿为大窟造西方三圣像，同时在侧壁保留了唐代的部分龛像。过去，有人将该号断为隋代造像，显然不妥。

图106　千佛寨第24号弥勒佛龛　唐

龛高200厘米，宽200厘米，佛像高180厘米

龛内刻一佛二弟子二菩萨，左右壁上方刻天龙八部，龛口左右各刻一力士。主尊弥勒佛善跏趺坐于方座上，左手抚膝，右手施无畏印，项后有圆形头光，其上刻华绳缀珠华盖，左右刻龙华树。

图107　千佛寨第25号释迦说法龛左壁造像　唐

该龛除主尊为释迦佛结跏趺坐像外，其余造像与第24号龛相同。左壁造像为一弟子一菩萨，其上为天龙八部之四像，龛口为一力士。

图108　千佛寨第28号一佛四菩萨窟　唐

窟高600厘米、宽330厘米、佛像高510厘米

窟顶崩圮，造像下部风化残毁。窟内刻一佛四菩萨，后壁有小千佛浮雕，窟右壁上方存有“前蜀永平五年”（915）妆修残记。

图109　千佛寨第28号一佛四菩萨窟左壁菩萨像之一　唐

像高320厘米

该菩萨像手和下身已风化残毁，面相丰润，头戴高花冠，宝缯垂肩，披云肩，袒上身，密饰璎珞，项后有桃形头光，造型精美。

图110　千佛寨第28号一佛四菩萨窟左壁菩萨头像　唐

◄ 图111 千佛寨第28号一佛四菩萨窟右壁菩萨像之一 唐

像高*320*厘米

菩萨面相方圆，头戴高花冠，宝缯垂肩，袒上身，披云肩，璎珞蔽体，项后有桃形头光，内饰五朵圆莲纹。

▲ 图112 千佛寨第28号一佛四菩萨窟右壁菩萨像之二 唐

像高*380*厘米

该菩萨像下巴、双手、腿以下已风化残毁，面相长圆，头戴高花冠，袒上身，披云肩，斜披络腋，密饰璎珞，帔帛横过腹下两道，项后有桃形头光。

图113　千佛寨第68号药师经变龛　唐

龛高400厘米、宽520厘米、深200厘米，佛像通高170厘米

龛内刻药师佛结跏趺坐于铺帛须弥座上，身后有双重背光，顶上刻华盖，左右各刻一飞天。佛左右各刻四菩萨，合为八大菩萨。龛下部刻十二药叉大将，现已风化。窟左壁浮雕“十二大愿”，右壁浮雕“九横死”。佛、部分菩萨的面部、手毁于“文化大革命”中。

图114　千佛寨第68号药师经变龛正壁造像　唐

像通高140厘米

据《药师经》载，八大菩萨为文殊、观音、大势至、无尽意、宝檀华、药王、药上、弥勒。右侧四菩萨均身材修长，跣足立于莲台上，面相丰圆，头戴花蔓冠，除一菩萨身着通肩大衣外，余皆袒上身，披云肩，饰璎珞，帔帛横过腹膝两道，项后均有圆形头光。

图115　千佛寨第68号药师经变龛药师佛上方华盖两侧飞天　唐

药师佛头顶上方刻有华绳缀珠纹华盖，左右刻有娑罗树及飞天浮雕。

▲ 图116　千佛寨第68号药师经变龛右壁“十二大愿”浮雕图　唐

像通高10～20厘米

据《药师经》，药师佛行菩萨道时，发十二大愿，令众生所求皆得。“十二大愿”分别是：（1）愿来世身光明；（2）愿来世明彻无秽；（3）愿来世智慧方便；（4）愿来世安住菩提；（5）愿来世不堕恶趣；（6）愿来世无诸疾苦；（7）愿来世身心安乐；（8）愿来世具丈夫相；（9）愿来世出魔罥网；（10）愿来世解脱忧苦；（11）愿来世饮食饱具；（12）愿来世妙衣庄严。该浮雕图据此而刻，惜右边已风化不辨。

► 图117　千佛寨第68号药师经变龛左壁“九横死”浮雕图　唐

像通高10～20厘米

据《药师经》，“九横死”为初横入于地狱无有出期，二横被王法所诛戮，三横耽淫嗜酒死，四横火焚死，五横水溺死，六横为种种野兽所啖（dàn）死，七横堕山崖死，八横被毒药、尸鬼等害死，九横被饥渴所困死。该图即依此而雕刻。

◀ 图118　千佛寨第8-7号一佛二弟子二菩萨二力士龛　唐

像高100厘米

该龛因右边崖石崩圮，弟子阿难和大势至菩萨及一力士现已不存。今仅存阿弥陀佛结跏趺坐于铺帛莲台上，右手指已残损，左手抚膝，左侧为弟子迦叶，再侧为一观音菩萨和一力士。

▲ 图119　千佛寨第8号西方三圣窟　南宋

窟高620厘米、宽530厘米、深220厘米，佛高480厘米

该窟原系唐代所凿造的龛像，后经宋代改凿为大窟，刻西方三圣像。主尊阿弥陀佛螺发无高肉髻，身着U形大衣，内衣结带，左手置腹前，右手当胸，跣足立于仰莲台（近年补修）上，项后有桃形头光。佛左侧刻侍立观音菩萨，右侧刻侍立大势至菩萨。右壁存有南宋绍熙三年（1192）安岳工匠文琈及子师锡、师□重修中尊题记。

◄图120　千佛寨第8号窟阿弥陀佛左侧观音菩萨像　南宋

像高310厘米

观音菩萨面相长圆，头戴镂空低花冠，袒上身，披云肩，胸和双膝饰璎珞，左手置腹前托如意珠，右手屈肘（已残），帔帛绕肩臂横过腹下两道，跣足立于仰莲台上，头光已风化。

►图121　千佛寨第8号窟阿弥陀佛右侧大势至菩萨像　南宋

像高310厘米

大势至菩萨跣足立于仰莲台上，头戴镂空低花冠，身着双领下垂袈裟，下着羊肠裙，胸饰短璎珞，双手持带茎（已毁）莲苞，头光已风化。

圆觉洞摩崖造像

圆觉洞摩崖造像位于安岳县城东南 2 公里岳阳镇金花村之云居山上，现存窟龛 103 个，大小造像 1933 躯，开创于唐，现存多为五代和宋代造像。
1956 年，四川省人民政府公布其为省级文物保护单位。
2006 年，国务院公布其为第六批全国重点文物保护单位。

造像题材内容主要有释迦拈花微笑、三佛、七佛、西方三圣、地狱变、千手观音、净瓶观音、莲花手观音、明王、毗沙门天王、十六罗汉、天尊、佛道合龛、聂公真像等。

窟龛形制多为方形平顶窟（或龛）、方形双重龛、矩形穹顶窟，平面多为方形。圆觉洞现存唐代窟龛极少，且规模不大；五代窟龛大多较小；宋代窟龛规模较大。窟龛门楣均未装饰。

◄图122　圆觉洞第71号天尊龛　唐

龛高160厘米、宽145厘米、深110厘米，天尊像通高90厘米

该龛右壁外沿已崩圮，存造像5躯。龛内正中刻一天尊盘坐于铺帛束腰八角形座上，头戴束发莲花冠，身着对襟道袍，双手已毁，项后有桃形头光。左右各刻一脚着舄之侍者，左壁外侧刻一菩萨，左龛口刻一力士。除天尊外，余像头部皆毁。龛左壁存有唐开元二十年（732）释沙门玄应所书黎令宾造像记：

“□□□□□□□□□□□□□□/□月十五日，前州仓督安岳县录/事骑尉勋官五品黎令宾，愿/平安，敬造天尊像一龛，永为供/养。栖岩寺上座释沙门玄应书。”此题记纪年虽已磨泐，但据安岳千佛寨第38号龛右壁所存造像题记：“开元廿年岁次壬申十二月庚□朔十八日丁卯，前安岳县骑都尉勋官五品黎令宾，愿敬造东面三世诸佛□□□□亡父亡母及亡□造西面救苦观世音菩萨一龛三身，并永为□□。前安居县市令普州□助教岌恪，男　前州市□尉勋官七品处运□□供养。寺上座玄应书。”又据安岳卧佛院第46号右壁残记：“佛顶尊胜陀罗尼咒罽宾国沙门佛陀波利奉诏译　大唐开元二十一年□月二十日沙门玄应书。”从两则题记中的纪年，可证圆觉洞第71号造像题记的纪年应在唐开元二十年（732）左右。

◀ 图123　圆觉洞第13号明王龛　五代

龛高210厘米、宽170厘米、深140厘米，明王像高90厘米

龛内上层刻三佛结跏趺坐于束腰仰莲座上，头均毁，身后有火焰纹背光，正中背光尖端化出两道毫光。下层正中刻明王，三头六臂，分腿而立，正中二手交臂，左右二上手持剑，右下手持三戟叉，左下手握锏，有蛇缠其臂。左右各刻七眷属，上端各有五旗，左右下端刻牛头、马面（均已风化），身后有火焰背光。

▲ 图124　圆觉洞第22号三佛龛　五代

龛高130厘米、宽160厘米、深160厘米，三像通高75厘米

龛内正壁刻三佛结跏趺坐于带茎仰莲上，左右壁各刻一弟子一菩萨。龛外左壁存有五代前蜀天汉元年（917）当地民间结社造像题记一则。

图125　圆觉洞第23号佛道合龛　五代

龛高120厘米，宽120厘米，深120厘米，主像通高80厘米

龛内正壁中央刻元始天尊盘坐于仰莲铺帛方座上，项后有桃形双重背光，左右上下三层刻侍者和真人；左壁正中刻太上老君盘坐于铺帛方座上，项后有桃形头光，左右上下分三层刻侍者和真人；右壁正中刻释迦牟尼佛结跏趺坐于铺帛方座上，双手捧钵，项后有桃形头光，左右各刻一弟子一菩萨，其上刻护法像。

◀ 图126　圆觉洞第23号佛道合龛右壁释迦牟尼佛

五代

佛祖释迦牟尼，坐于金刚座上，双手捧钵，项后有桃形头光。左右齐刻一弟子一菩萨。上刻大茎莲托莲座，上坐小佛。龛门补刻一菩萨坐像。

▲ 图127　圆觉洞第23号佛道合龛左壁太上老君像

五代

道教天尊太上老君头戴束发莲花冠，颏下有三绺须，身着对襟宽袖大袍，右手执宝扇，左手抚扇，腹前有三角夹轼，项后有桃形头光。

图128　圆觉洞第59号西方三圣龛　五代

龛高210厘米、宽250厘米、深110厘米，佛像通高180厘米

龛内正壁刻西方三圣像，主尊阿弥陀佛像，后左右各刻一弟子，龛口左右已崩圮。

阿弥陀佛像面相丰圆，螺发低肉髻，正中饰摩尼珠顶严，身着U形大衣，内着僧祇支，胸际结带，右手已毁，左手抚膝，结跏趺坐于束腰圆鼓形仰莲座上，身后有火焰纹背光。

图129　圆觉洞第60号地狱变龛　五代

龛高200厘米、宽280厘米、深90厘米，主像高80厘米

龛内正中刻目连尊者，形象与地藏同，舒相坐于铺帛金刚座上，头戴风巾，左手置腹前托摩尼珠，右手持锡杖，座下刻莲蕾莲叶，其右刻一狗。正壁左右两侧分上下层刻冥府十王和小吏。正中下部刻“业镜”，内刻目连之母青提夫人生前杀生，鬼卒举棒做打状。其旁刻小吏持卷诉案，鬼卒打青提夫人。龛底部刻地狱中惩罚场面、铁狗、铁蛇等图像，惜风化较重。

图130　圆觉洞第60号地狱变龛正壁“业镜”图　五代

直径30厘米

据《四分律行事钞资持记》说：“冥界业镜，轮照南洲，若有善恶，镜中悉现。”即在幽冥世界中，以此业镜鉴照众生所造的善恶行为。图中所表现的是目连之母青提夫人因生前悭贪杀生，死后堕入阿鼻地狱受苦的情节。题材依据《目连缘起》等变文故事。

图131　圆觉洞第65号毗沙门天王龛　五代

龛高150厘米、宽240厘米、深100厘米，主像高120厘米

龛内刻毗沙门天王及武将、夜叉等眷属，共11像。从毗沙门天王像周围的痕迹看，该像是改凿过的。

◀ 图132　圆觉洞第7号净瓶观音窟　北宋

窟高730厘米、宽470厘米、深350厘米，主像高620厘米

窟内正中刻净瓶观音，面相方圆，头戴镂空宝冠，冠中刻一小立佛，身着广袖大衣，胸、腿密饰璎珞，左手提净瓶，右手屈肘执杨枝，跣足立于双仰莲台上，项后有圆形头光，身后有火焰纹举身光。窟左右壁上方各刻一飞天；中层右刻善财，左刻龙女（已毁）；下方右刻四供养人，左刻两供养人。右壁下方存有南宋绍兴二十三年（1153）供养人题记。

▲ 图133　圆觉洞第7号净瓶观音窟主像下部璎珞　北宋

飞天，原系壁窟中的飞仙，中国道教把羽化升天称为飞仙，多在墓室壁画中绘制一些羽人，借以象征墓室主人已羽化成仙。而佛教表现天上的飞神，进入中土后，与道教羽人融合为飞天。飞天之最莫过于敦煌飞天，它是融摄印度佛教之飞神、中国道教之羽人（飞仙），以及西域和中原文化的多元化的艺术创造。这种表现形式从十六国起至元代末期，历经千余年历史。除敦煌石窟以外的其他石窟又融入了地方文化因素而独具特色。巴蜀石窟中的飞天主要见于广元、巴中、安岳、大足石窟，前两者更多效法北方中原石窟中的飞天，而后两者世俗化、地方化特色更加浓郁。

山东青州龙兴寺一佛二菩萨背屏式造像局部飞天　北齐

◀ 图134　圆觉洞第7号净瓶观音窟右壁中层善财像　北宋

像高150厘米

善财，一般刻为童子像。据《大方广佛华严经·入法界品》载：善财因受文殊菩萨教化，南行参访五十三位善知识（指德行高和有学识的人），最后遇普贤菩萨，实现成佛“行愿”，故又将善财刻为老者形象。图中善财半跪于祥云上，双手合十做参拜状。

1 2 | 3 4 / 5

1.四川广元皇泽寺第45号中心柱窟门楣左侧浮雕飞天　西魏
2.四川广元皇泽寺第45号中心柱窟门楣右侧浮雕飞天　西魏
3.巴中南龛第107号三佛六菩萨龛左壁上方飞天　初唐
4.巴中南龛第62号阿弥陀佛与五十二闻法菩萨龛左壁飞天　初唐
5.重庆大足北山佛湾第10号龛释迦牟尼像顶壁上方飞天　晚唐

107

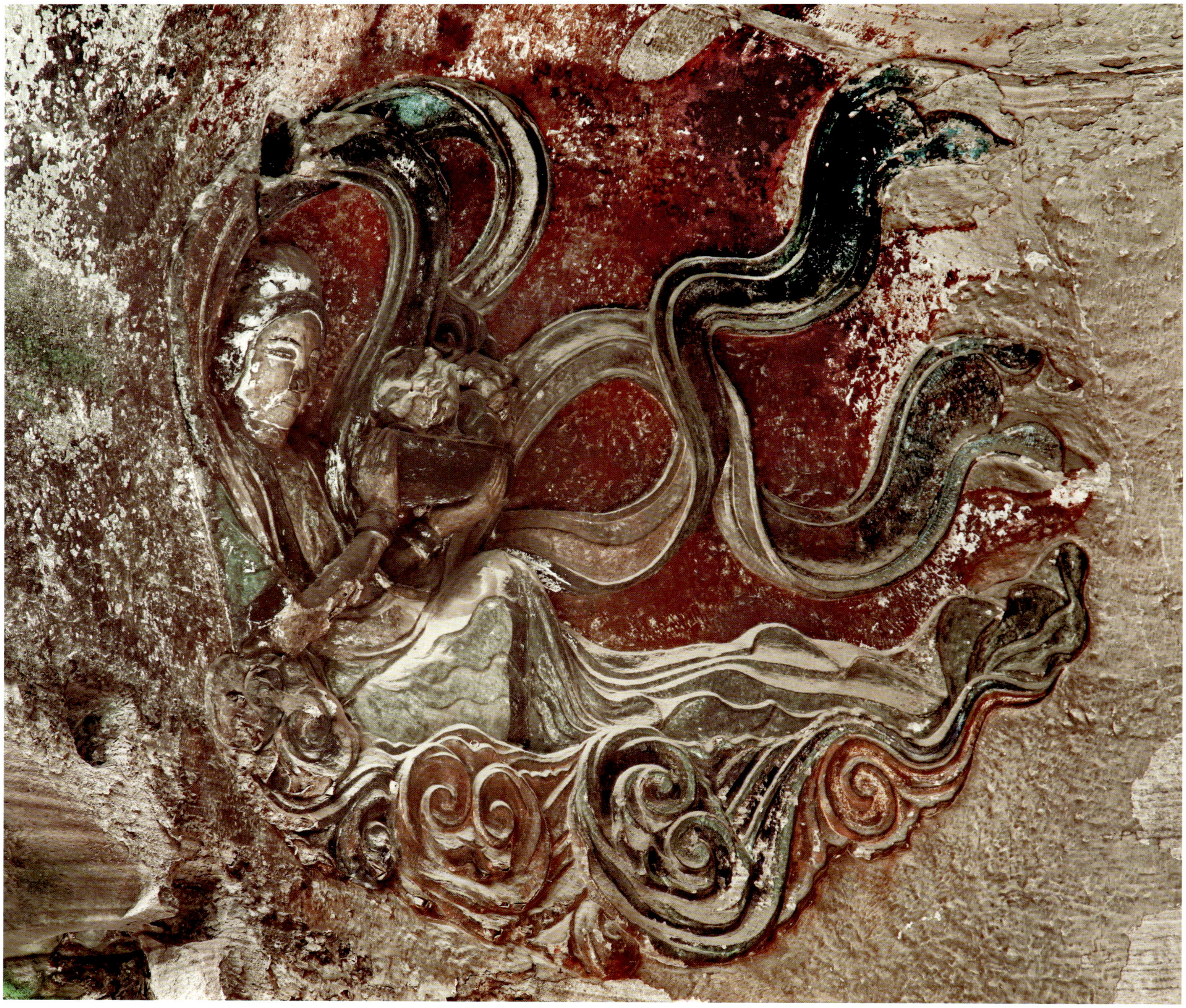

图135　圆觉洞第7号净瓶观音窟右壁上方飞天　北宋

像高100厘米

飞天半躺于祥云上，双手托举莲花钵，袒上身，胸饰短瓔珞，下着长裙，帔帛向前飘卷。

图136　圆觉洞第7号净瓶观音窟左壁上方飞天　北宋

像高150厘米

飞天俯卧于祥云上，双手托举须弥盆，帔帛向后飘卷。

▲ 图137　圆觉洞第10号释迦拈花微笑窟（局部）　宋

► 图138　圆觉洞第10号释迦拈花微笑窟　北宋

窟高640厘米、宽400厘米、深300厘米，主像高540厘米

窟内刻释迦牟尼跣足立于仰莲台上，面相丰圆，眉间有白毫相，螺发高肉髻，正中刻摩尼珠顶严，身着双领下垂大衣，左肩哲那环系搭膊牵衣襟，左手仰掌置胸腹间，右手施说法印，大拇指与食指中间夹一毕钵罗花果。窟右下方刻弟子迦叶与释迦佛遥相呼应。佛头光两侧浮雕彩花，左右壁上方各刻一飞天。窟左下方刻有供养人（已风化）。

佛教分宗派必有其经典依据，而独具中国特色的禅宗一反以往的各宗各派，既不重经教，又不重修持，主张自证自悟。为了寻找依据，便杜撰出释迦佛拈花微笑的故事作为开宗立派的口实。

在禅门公案（“公案”原本指古代官府判决是非的案例，禅宗借用并引申为将历代禅师语录作为学人参究的对象，以此判断迷与悟，启发智慧）中多为宋代以来参学的个案。

其故事是释迦佛在灵山法会上正准备说法，此时大梵天王来到灵山，向释迦佛献上一朵金色波罗蜜花。释迦佛一言不发，仅举起这朵花给大家看。听法者均不明白其意，唯有大弟子迦叶破颜微笑。于是释迦佛对大众说："我有正法深藏在眼里，以心传心。你们应摆脱世俗认识的一切假象，显示诸法常住不变的真相，通过修习佛法而获得成佛的途径。了悟本源自性是绝对的最高境界，不要拘泥于语言文字，可不在佛教之内，也可超出佛教之上。我以此法传授给摩诃迦叶。"

据说释迦佛拈花微笑的公案，首见于晚唐释智炬所著《宝林传》（共十卷），在南宋智昭集《人天眼目》卷五"宗门杂录"中载："王荆公（即王安石）问佛慧泉释师云：'禅家所谓世尊（即释迦佛）拈花，出在何典？'泉云：'《藏经》亦不载。'公曰：'余顷在翰苑，偶见《大梵天王问佛决疑经》三卷，因阅之，经文所载甚详。梵天至灵山，以金色波罗蜜花献佛，舍身为床座，请佛为众生说法。世尊登座拈花示众，人天百万，悉皆罔措。独有金色头陀（即摩诃迦叶）破颜微笑。世尊云：'吾有正法眼藏，涅槃妙心，实相无相，分付摩诃大迦叶。'此经多谈帝王事佛请问。所以秘藏于世，无闻者。"

在巴蜀石窟中，表现释迦佛拈花微笑题材的有安岳圆觉洞第10号窟，安岳封门寺赖家岩、半边寺分别有一龛，均被油漆，内江翔龙山东林寺有一龛（惜迦叶头部已毁），资中东岩罗汉洞第2号（近年被村民油漆），仁寿虞丞冒水村大佛沟第3号龛，大足中敖三宝寺第2号龛等，基本上都是宋代的造像，造像时间略早的是内江翔龙山东林寺那一龛，其次是安岳圆觉洞第10号窟，余皆为南宋所造。就保存现状和雕刻艺术水平而言，当推安岳圆觉洞第10号窟，仅就石雕造像来看，该窟在中国石窟中首屈一指。

1 | 2 3

1.四川资中东岩第2号释迦拈花微笑龛　南宋

2.四川内江翔龙山东林寺释迦佛拈花微笑龛　北宋

3.四川仁寿县冒水村大佛沟第3号释迦拈花微笑龛　南宋

◄ 图139　圆觉洞第10号释迦拈花微笑窟右壁上方飞天　北宋

占壁宽150厘米

飞天呈飞翔状，周边刻祥云，袒上身，饰缀铃项圈、臂钏、手镯，下着长裙，双手捧莲花盆，帔帛飘卷。

▲ 图140　圆觉洞第10号释迦拈花微笑窟左壁上方飞天　北宋

飞天呈飞翔状，周边刻祥云，袒上身，下着长裙，左手托举须弥盆，帔帛飘卷。

图141 圆觉洞第14号莲花手观音窟局部 北宋

图142　圆觉洞第14号莲花手观音窟　北宋

窟高700厘米、宽380厘米、深370厘米，主像高650厘米

窟内正中刻莲花手观音，面圆，头戴镂空宝冠，冠中刻一小坐佛，身着U字形广袖大衣，下着羊肠裙，胸、腿密饰璎珞，双手交于腹前执一长茎莲蕾，跣足立于仰莲台上，身后有双重背光。头光左右刻彩花，左右壁上方各刻一飞天。左壁刻一献珠龙女，下方刻四供养人，从外至内，依次题名“女功德主马氏”“男功德主杨正卿”“邹氏”“男易□”；右壁下方刻两供养人，依次题名“杨元受”“胡氏”。正壁左下方存有北宋大观二年（1108）冯世雄撰《真相寺石观音像记》碑。

茗山寺摩崖造像

茗山寺摩崖造像位于安岳县城东南 60 公里顶新乡民乐村之虎头山上，现存窟龛 20 个，大小造像 63 躯，开创于宋代。
1994 年，四川省人民政府公布其为省级文物保护单位。
2006 年，国务院公布其为第六批全国重点文物保护单位。

该处虽存有碑刻题记 23 处，
但多属清代装修佛像或培修庙宇的题记，
未有明、清以前的纪年造像题记。
对于造像年代的判断，
只能从现存造像的特征、服饰、艺术风格等，
以及与安岳他处的造像相比较，
大致可以断定为宋代。

造像题材内容主要有毗卢佛、观音、大势至、文殊、十二护法神将、毗卢佛与东岳大帝合窟等。
窟龛形制几乎全是方形（或矩形）平顶窟龛。
该处造像较大，
主要为单尊或双尊并坐（或立），刻工精细，但布局显得较刻板。

图143　茗山寺第7号窟正壁观音、大势至菩萨像　北宋

窟高630厘米、宽670厘米、深350厘米，像高620厘米

窟内正壁刻观音、大势至菩萨像。窟内所放佛像、菩萨像，均为后世摆放进去的。观音菩萨头戴化佛镂空高花冠，身着双领下垂大衣，胸饰璎珞，右手牵衣襟，左手托一经书（被衣袖遮住）。大势至菩萨像面圆，装束与观音菩萨同，左手当胸托经，右手屈举（手指残损）。

▲ 图144　茗山寺第5号毗卢佛龛　北宋

龛高640厘米、宽380厘米、深200厘米，像高630厘米

龛顶和龛门左右外沿已崩圮。龛内刻毗卢佛主像，面圆，螺髻，头戴坐佛宝冠，身着双领下垂大衣，双手结内缚印。

► 图145　茗山寺第4号现师利法身龛　北宋

龛高640厘米、宽650厘米、深300厘米，主像高500厘米

龛内刻文殊菩萨立像，头戴五叶佛冠，身着右袒式大衣，右肩敷搭偏衫，胸饰短璎珞，右手置胸腹间，左手托经书。后壁左右侧分别凿四小圆龛（上一大，下三小），内刻坐佛，左侧较完整，右侧已风化。龛额刻“现师利法身”双钩五大字。

图146　茗山寺第4号现师利法身龛主尊后壁左侧上方小圆龛坐佛　北宋

图147　茗山寺第4号现师利法身龛主尊后壁左侧下方小圆龛坐佛　北宋

图148　茗山寺第3号观音、大势至菩萨窟　北宋

窟高550厘米、宽570厘米、深280厘米

窟内刻二菩萨坐像，左像为观音菩萨，右像为大势至菩萨，均略有风化，窟口左右外沿已崩圮。

孔雀洞摩崖造像

孔雀洞摩崖造像位于安岳县城东南 60 公里处双龙街乡孔雀寺岩壁间，
现存大小窟龛 10 个，大小造像 75 躯，碑刻题记 6 处，开创于北宋。

该处依岩凿洞，洞高 4.7 米，宽 4.3 米，进深 2.7 米。
洞正中刻四臂明王结跏趺坐于孔雀之上，
上两臂，左手执莲蕾，右手握雀羽；
下两臂，左手捧俱缘果，右手托贝叶经。

造像题材内容主要有孔雀明王、晚唐经目石塔，高 12 米，
八方三层，刻有小佛 24 尊，佛名经目 144 部。

2006 年，国务院公布其为第六批全国重点文物保护单位。

图149 孔雀洞第10号孔雀明王经变窟 北宋

窟高470厘米、宽430厘米、深270厘米，主像通高430厘米

窟内正中刻一圆雕孔雀，其上结跏趺坐一头四臂之孔雀明王，头戴化佛宝冠，身着双领下垂大衣，胸饰璎珞，右上手已毁，左上手执莲蕾，右下手托贝叶经，左下手捧俱缘果（其果状似木瓜）。其左右侧各刻一双手合十之天王像。三壁右上方刻三头六臂火头明王，左刻四金刚；左上方刻六天人像。

图150　孔雀洞第10号孔雀明王经变窟右上四金刚像　北宋

像通高90厘米

四金刚像侧身立于云头，均顶盔披甲，图中上方左一双手举石，右一执矛（矛头已毁）；下方左一张弓搭箭，右一双手执旗。

重庆大足石门山第8号孔雀明王经变窟　南宋

窟高318厘米，宽312厘米，深231厘米

主像孔雀明王所乘孔雀及身光背屏直达窟顶构成中心柱。孔雀明王头戴高花冠，双耳坠珰，上着天衣，下着长裙，结跏趺坐于孔雀承驮之莲台上，四臂，上两臂：左手执经书，右手托如意；下两臂左手执扇，右手握莲苞。项后有头光和身光。

窟后壁从上往下，第一层刻十罗汉；第二层刻三官员立像；第三层右刻二官员捧笏立于云上，中刻阿难立像，左刻莎底比丘匍匐于此。

窟左壁从上到下，第一层刻一佛二菩萨及三罗汉像；第二层刻阿素啰王与忉利天帝释斗战图；第三层刻一抱莲瓶女像，其左刻一捧笏官员，右刻一双手持物男像（头残）；第四层刻一捧笏官员，其左刻一武将，其右刻一四方亭阁，内坐一比丘。

窟右壁从上到下，第一层刻五罗汉立像；第二层似刻双手合十之女立像，左侧刻一单腿跪之头陀；第三层刻一武士双手拱揖立于云头上；第四层刻一双手捧盘之女像，右侧刻一捧笏官员立于云上；第五层刻一捧笏官员，右刻一武将，左刻一亭阁。

◀图151　孔雀洞第10号孔雀明王经变窟左上六天人像（局部）　北宋

像通高90厘米

天人像立于云头，文武装束均有，或双手拱揖，或做接引状，姿态各异。

后记

自20世纪80年代以来，我曾去大足县、安岳县考察石窟，并与时任大足县副县长宋朗秋，文管所负责人陈明光、郭相颖、邓芝金等商议如何推动大足石窟的研究和宣传，建议他们召开学术讨论会，成立大足石刻研究学会，出版相关书籍等，得到了他们的认同。在相互合作中，于1985年出版了《大足石刻研究》（自1949年以前到80年代海内外有关大足石刻研究的文集）、《大足石刻内容总录》（这是巴蜀第一本有关石窟内容的总录），这两本书的出版无疑推动了后来对大足石窟和整个巴蜀石窟的研究。

经批准，四川省社会科学院文学研究所成立了四川石窟研究课题组，由我任组长，胡文和、李永翘为组员，开展对四川石窟的调查和研究。我们先后陪同著名文艺理论家、美学家王朝闻，德国海德堡大学东亚艺术研究所雷德侯（Lothar Ledderose）、洪堡大学常志静（Flonian c. Reiter）、美国大都会博物馆东方部何恩之（Angela F. Howard）等专家，教授考察四川石窟。

1987年10月，我又调入四川省社会科学院哲学文化研究所（原为哲学研究所，因受当时文化热的影响改为哲学文化研究所， 后又恢复为哲学研究所），除继续研究巴蜀石窟外，还兼有佛教哲学研究生导师的工作。

1992—2000年，我有幸参加由中宣部组织的20世纪国家重点出版工程《中国美术分类全集·中国石窟雕塑全集》相关工作，任编委会编委，主编并撰写该全集的“四川、重庆（不包括大足）卷”和“云南、贵州、广西、西藏卷”，这为我全面、系统、深入研究西南地区的石窟奠定了坚实基础，并先后出版了《中国西南石窟艺术》《安岳石窟艺术》《南诏和大理国宗教艺术》等专著。

2011年，承蒙深圳天海集团董事长胡大林赞助，我前往印度、尼泊尔考察了以下佛教圣迹：迦毗罗卫国遗址（释迦牟尼的故乡）、蓝毗尼园（释迦牟尼的诞生地）、菩提伽耶（释迦牟尼六年苦修的地方）、伽耶城东方的尼连禅河（释迦牟尼放弃苦修入尼连禅河沐浴的地方）、巴特那地区王舍城竹林精舍和灵鹫山遗址（释迦牟尼说法的地方）、鹿野苑释迦佛初转法轮遗址、拘尸那迦城外娑罗双树林（释迦佛涅槃处）、吠舍离阿育王石柱、桑奇大塔、阿旃陀石窟、埃罗拉石窟，还参观了德里国家博物馆、加尔各答印度博物馆、马图拉政府博物馆、鹿野苑（新译萨尔纳特）考古博物馆等。这次考察使我对印度佛教石雕造像，特别是犍陀罗、马图拉、笈多式佛教造像有更深入的了解，有助于我弄清其对中国石窟造像的影响。

石窟研究属于佛教美术考古，是一门综合性的学科，涉及面广。首先涉及宗教（在中国主要是佛教和道教）历史，各宗各派要旨、义理、信奉的神系，民间信仰等诸多问题。其次涉及美术，因为石窟内的图像是用壁画、泥塑、石雕表现的，必须要对这些美术体裁的表现手法及其艺术风格和历史发展有较深入的了解，才能增强艺术审美和对造像时代的判断能力。再者涉及考古学的一些基本方法，如对龛窟的测绘，碑刻题记的摹拓，特别是标型学对龛窟形制的历史分期和造像题材的分类等。此外，对没有明确纪年造像的判断，除艺术风格、历史分期以外，还要借助于历代服饰、器物、建筑、风俗等加以比对来进行综合判定。记得1984年我曾赴新疆吐鲁番、拜城等地区的石窟进行考察，时遇北京大学考古系教授宿白的博士生晁华山，有一天中午吃饭时，他和我讨论有关石窟研究的一些问题，他十分强调运用考古标型学的方法来研究石窟，我则强调艺术研究方法，各执一端，谁都不服谁。其实研究方法应该是多元的，关键是要充分揭示石窟艺术的文化底蕴。

2019年，郭蜀燕、田苗苗、邹小工与我一起讨论出版“巴蜀石窟艺术丛书”事宜。计划先期出版两本，2021年再出版两本，由我负责撰写。这是一套学术性的图文画册，将前期出版的两本定名为《再创辉煌：中国晚期石窟的代表》（分为“安岳石窟”和“大足石窟”两册）。经过努力终于付梓，也算是为彰显中华文明、巴蜀文化尽一点绵薄之力吧。

首先，感谢四川省文物局局长王毅、博物馆处处长段炳刚等先生的大力支持和帮助。其次，感谢安岳县文物保护中心杨中华、韩明等先生为该书图片拍摄所提供的帮助。末了，感谢责任编辑郭蜀燕、于兰认真审稿，并对书稿内容提出了一些宝贵意见；感谢田苗苗、邹小工在该书的设计和组织方面所做的努力；感谢我夫人王礼冰及儿子刘森对全书的拍摄与图片选择所付出的辛劳和努力。

作者2020年11月30日于成都香月楠岸陋室